WUFENG SHEHUI YANGLAO FUWU TIXI TANSUO
CONG ZHUHAI KAN ZHONGGUO SHEHUI YANGLAO MOSHI

无缝社会养老服务体系探索
——从珠海看中国社会养老模式

黄匡忠　等 编著

中山大学出版社
SUN YAT-SEN UNIVERSITY PRESS
·广州·

版权所有　翻印必究

图书在版编目（CIP）数据

无缝社会养老服务体系探索：从珠海看中国社会养老模式／黄匡忠等编著．—广州：中山大学出版社，2017.10

ISBN 978-7-306-06092-1

Ⅰ.①无… Ⅱ.①黄… Ⅲ.①养老—社会服务—研究—中国 Ⅳ.①D669.6

中国版本图书馆 CIP 数据核字（2017）第 166771 号

出 版 人：徐　劲
策划编辑：邹岚萍
责任编辑：刘丽丽　赵　婷
封面设计：曾　斌
责任校对：李海东
责任技编：何雅涛
出版发行：中山大学出版社
电　　话：编辑部 020-84111996，84113349，84111997，84110779
　　　　　发行部 020-84111998，84111981，84111160
地　　址：广州市新港西路 135 号
邮　　编：510275　传　真：020-84036565
网　　址：http://www.zsup.com.cn　E-mail：zdcbs@mail.sysu.edu.cn
印 刷 者：虎彩印艺股份有限公司
规　　格：787mm×1092mm　1/16　16.5 印张　270 千字
版次印次：2017 年 10 月第 1 版　2017 年 10 月第 1 次印刷
定　　价：42.00 元

如发现本书因印装质量影响阅读，请与出版社发行部联系调换本书之基础研究经费得到珠海市民政局及珠海市金湾区民政局的赞助,出版费用得到北京师范大学—香港浸会大学联合国际学院科研处研究基金的赞助,谨此鸣谢。

序

  现今所有的国家都面临要如何解决社会进入老龄化时代的问题，而要解决这个问题并不是一件容易的事。许多社会学家虽然一早已提醒大家需要面对和尽快解决这个问题，但真正引起政府关心和注意，也只是近十多年的事。中国同样面临着这个问题，而且形势非常严峻，必须想方设法予以解决。

  从前我们对这一问题的看法，总是局限在认为这是一个社会福利的问题。但现在大家开始认识到这不单单是一个社会福利的问题，而是影响和牵涉全社会和一个国家的经济能否继续繁荣稳定和持续发展的头等大事。由于这一问题涉及面广，很明显的，要想解决，必须从多方面着手。

  我很高兴见到我校社工专业的同事通过多年实践，在如何解决这个问题上，收集和积累了很多经验；同时，他们还在过程中发现了许多亟须解决但尚未解决的问题，并通过本书一一提出来。

  从宏观的角度看，我认为要想向老人提供必须的和优质的服务并不能单靠社会工作者的努力，而应从社会整体发展的角度来予以解决。换言之，解决社会老龄化问题，应从提供优质的老龄产业，并将之作为一种可持续发展的经济手段，才是长久之计。可惜现今大家对于这一问题似乎还未达至共识。我认为。在现在互联网＋、数字化和智能化的时代，有系统地把各种老龄服务形成产业链，已经到了可行性很高的阶段。我殷切希望我校社工专业的同事们能在这方面多加努力，进一步作出研究和探讨，这是我对他们的期望。而珠海市政府也具备条件，在这方面先行先试，形成各种产业链模式，供其他地区学习推广。

徐是雄教授

北京师范大学—香港浸会大学联合国际学院　学术副校长

2017 年 7 月

目　录

前　言 …………………………………………………………（1）
第一章　珠海究竟有多少老年人 ………………………………（1）
　　一、珠海老年人口的规模 …………………………………（1）
　　二、珠海市老龄化的区域差异 ……………………………（2）
第二章　珠海老年人的社会生活现状 …………………………（9）
　　一、珠海老年人口的家庭生活状况 ………………………（9）
　　二、老年人的社交网络和社会生活 ………………………（11）
　　三、照顾者的难题及老年人需求 …………………………（16）
第三章　珠海老年人的经济状况 ………………………………（18）
　　一、珠海国内生产总值 ……………………………………（18）
　　二、珠海老龄化与经济条件 ………………………………（21）
第四章　社区服务的不足 ………………………………………（23）
　　一、聊胜于无的社区养老设施 ……………………………（23）
　　二、节假日的老龄活动 ……………………………………（25）
　　三、社区内外老年人活动设施 ……………………………（26）
　　四、有关社区养老服务的建议 ……………………………（29）
　　五、珠海养老所面对的问题 ………………………………（30）
第五章　老有所养——珠海老年人的生活保障 ………………（32）
　　一、社会养老保险 …………………………………………（32）
　　二、珠海社会保险的实施 …………………………………（36）
　　三、商业养老保险 …………………………………………（39）
　　四、珠海老年人的可支配资金 ……………………………（41）
第六章　老有所居——珠海养老机构服务 ……………………（43）
　　一、养老方式 ………………………………………………（43）
　　二、社会养老模式 …………………………………………（44）

三、公办养老机构 …………………………………………（46）
　　四、民办养老机构 …………………………………………（49）
　　五、居家养老服务 …………………………………………（58）
　　六、社区养老服务 …………………………………………（58）
　　七、总结 ……………………………………………………（61）

第七章　怎么看养老——金湾的老年人有话说 ……………（63）
　　一、珠海金湾区老年人口概况 ……………………………（63）
　　二、金湾区老年人口的地域分布 …………………………（64）
　　三、金湾区老年人的经济能力 ……………………………（66）
　　四、金湾区居家养老服务的困局 …………………………（67）
　　五、居家养老焦点访谈 ……………………………………（69）
　　六、社区问卷调查及结果 …………………………………（74）
　　七、金湾区居家养老工作方案 ……………………………（93）

第八章　老有所食——珠海老年食品与餐饮业 ……………（95）
　　一、老年就餐难急需解决 …………………………………（95）
　　二、食品、保健品产业单一化 ……………………………（96）
　　三、饮食营养有待提高 ……………………………………（96）
　　四、爱心面包，万语千言 …………………………………（97）
　　五、居家服务要解决老年人吃饭问题 ……………………（98）
　　六、优先发展老年社区饭堂 ………………………………（100）

第九章　老有所助——珠海养老家政服务业 ………………（101）
　　一、家政服务业近年发展概况 ……………………………（101）
　　二、失能老年人需要照顾 …………………………………（102）
　　三、护老家政服务严重短缺 ………………………………（102）
　　四、珠海家政服务业现况 …………………………………（102）
　　五、老年人照顾者的专职化 ………………………………（105）
　　六、提升养老家政服务专业水平 …………………………（107）
　　七、总结 ……………………………………………………（107）

第十章　老有所医——珠海医疗服务 ………………………（109）
　　一、医疗服务市场化 ………………………………………（109）

二、老年医疗的市场需求 …………………………………（110）
　　三、珠海老年病专科医疗服务 ……………………………（110）
　　四、初级保健与社区健康服务 ……………………………（112）
　　五、珠海基层健康服务面对的问题 ………………………（113）
　　六、家庭病床的实施 ………………………………………（115）
　　七、应对长期照料护理的需求 ……………………………（116）
第十一章　老有所复——医疗与康复器械 …………………（118）
　　一、老龄化带动医疗与康复器械产业 ……………………（118）
　　二、珠海医疗器械产业发展 ………………………………（119）
　　三、医疗器械的国际竞争 …………………………………（120）
　　四、珠海的医疗器械产业 …………………………………（122）
　　五、未来的发展重点 ………………………………………（124）
第十二章　老有所群——社会心理关怀 ……………………（125）
　　一、养老机构巡回社工服务 ………………………………（125）
　　二、养老机构巡回社工服务的内容 ………………………（126）
　　三、个案社会工作的意义 …………………………………（127）
　　四、丰富老年人的社交生活 ………………………………（128）
　　五、发展养老院义工队伍 …………………………………（130）
　　六、开展社区教育 …………………………………………（131）
　　七、引入社会资源 …………………………………………（132）
　　八、提高养老机构员工能力和士气 ………………………（133）
　　九、养老机构巡回社工服务计划的成效 …………………（133）
　　十、老年社会工作的推广 …………………………………（134）
第十三章　养老产业的领域和发展 …………………………（137）
　　一、国内外有关养老产业的研究 …………………………（137）
　　二、养老产业的领域 ………………………………………（138）
　　三、我国养老产业需求的现况 ……………………………（140）
　　四、养老产业的供给 ………………………………………（144）
　　五、国际社会如何推动养老产业供需 ……………………（144）
　　六、珠海养老产业的发展规划 ……………………………（163）

七、政府在养老产业发展中的角色 …………… （164）
　　八、珠海养老产业供给侧 …………………… （168）
　　九、养老产业的发展路径 …………………… （169）
第十四章　将珠海建设成为老龄宜居城市 ………… （172）
　　一、老龄宜居社区（基地）标准 …………… （172）
　　二、老年人权益保障法 ……………………… （173）
　　三、珠海是宜居城市 ………………………… （173）
第十五章　无缝社会养老服务体系
　　　　　——珠海的探索 ……………………… （177）
　　一、珠海养老服务的发展目标 ……………… （177）
　　二、珠海养老体系的发展优势 ……………… （178）
　　三、综合性专业化的无缝社会养老服务体系 … （180）
　　四、其他创新辅助养老服务 ………………… （181）
第十六章　从珠海到中国：中国养老的社会实践 …… （185）
　　一、我国养老体系构建 ……………………… （185）
　　二、香港地区养老体系可供参考 …………… （188）
　　三、无缝社会养老服务模式在中国 ………… （194）
　　四、无缝社会规划下的嵌入式养老 ………… （203）
参考文献 ……………………………………………… （205）
附录 …………………………………………………… （215）
老年服务需求研究的方法、困难及建议 …………… （246）

前　言

联合国将"60岁以上人口占总人口比例的10%，或65岁以上人口占总人口比例达到7%"作为判断一个国家是否进入老龄化社会的标准。

按此标准，我国在1999年即已迈入老龄化社会。近年来，随着人均寿命的显著提升和出生率的明显下降，我国的人口老龄化问题也变得日益严重，目前，我国已进入人口老龄化快速发展阶段。截至2012年底，我国老年人口已达1.94亿人，占人口总数的14.3%；预计到2020年将达到2.43亿人，占人口比重的18%；到2030年将超过3亿人；而到2050年将达到4.5亿人，老年人口将占到总人口的33%，即平均每三个人中就有一个老年人，届时我国将进入重度人口老龄化社会。同时，随着我国老龄化人口规模的快速膨胀，以及随之而来的高龄化、失能化和空巢化现象，我国的老龄化还将呈现未富先老的特点。

珠海处于广东省边缘，面临南海，户籍人口100多万，由于是移民城市，人口老龄化较内地一些城市如上海为迟。但由于珠海气候宜人，也吸引了很多外地中老年人购房避冬，所以珠海老年人口有多少，以及老年人的消费能力、需求内容，等等，都难以准确估计。可能因为没有压力，珠海的老年社会服务到今天依然裹足不前。

天是蓝的，假如两鬓已白，在珠海可以好好地生活吗？珠海经常被评为全国宜居城市第一，如果评选老年人的宜居城市，珠海恐怕会远远落后。

2014—2016年我们进行了四项调研，包括"珠海市社会养老体系调研""珠海市养老产业调研""金湾区社区与家居养老调研"和"珠海市卫生计生未来发展调研"，发现珠海有很多社会创新、试点项目都比珠三角其他城市领先；但经常因为缺乏财政的投入，很多观念和成果没有得到推广，其他城市反而瞬间赶超珠海。我们在这些研究中提出了很多建议，现在收集在本书中，希望关心珠海的朋友能共同努力，让蓝天不负白须公，还他们一个宜居的珠海。而珠海的探索，在于建设一个无缝的养老体系，这对全国都有参考意义。

本书主编：黄匡忠

作　　者：黄匡忠　吴耀辉　李建贤

资料整理：袁小良　陈　昕　林千叶　聚戊炎

校　　对：何　也　卓芷君　李明昕

黄匡忠　2017年7月

第一章
珠海究竟有多少老年人

一、珠海老年人口的规模

2010年第六次全国人口普查显示，珠海市全市常住人口为1560229人；全市常住人口中共有家庭户451396户，家庭户人口为1264778人，平均每个家庭户的人口为2.8人。全市常住人口中，男性人口为812466人，占52.07%；女性人口为747763人，占47.93%。总人口性别比（以女性为100，男性对女性的比例）由2000年第五次全国人口普查的100.32上升为108.65。

2010年珠海市全市常住人口中，65岁及以上人口为76945人，占总人口数的4.93%；0～14岁人口为210694人，占13.50%；15～64岁人口为1272590人，占81.57%。同2000年第五次全国人口普查相比，65岁及以上人口的比重上升1.01个百分点，0～14岁人口的比重下降3.88个百分点，15～64岁人口的比重上升2.87个百分点，显示老龄化程度缓慢上升。按照2010年人口普查的数据，以65岁为分界线，老年人比重还未达7%，可以说珠海还未进入老龄化社会。

据珠海市民政局提供的人口统计数据显示，2005年珠海市60周岁以上老年人口77846人，占户籍人口的比例为8.69%；2007年珠海市60周岁以上老年人口84433人，占户籍人口的比例达8.82%，比2005年上升了0.13个百分点；而2008年、2009年珠海市60周岁以上人口分别达到93321人、99746人，占户籍人口比例分别为9.38%和9.72%，说明珠海市当时尚未进入老龄化社会；直到2010年，珠海市60周岁以上老年人口达到104899人,占户籍人口比例的10.02%。就是说,若以60周岁为分界线,珠海在2010年已进入老龄化社会(见表1.1)。

民政部门的数据亦显示65周岁以上的老年人口,2007年占户籍人口的6.4%,2008年为6.5%,2009年为6.6%,2011年为7.2%,2012年为7.2%,即珠海于2011年超过7%,进入老龄化社会。(见表1.1)比较普查与民政部门的数据,后者是较为可靠的,因为民政部门的资料是具名的,只有多不会少,这还不包括非户籍老年人。我们可以肯定的是,珠海市在2010—2011年进入老龄化社会,还不包括非户籍人口。

那么,民政部门的数字准确吗?也不能肯定。我们在金湾区进行老年人调查,户籍老年人口与实际老年人口可能有差距。很多外来务工人员在珠海工作时间长了,或成家生子,便会把家中老年人接来,他们的人数并没有记录。又有一些家庭在珠海买房,让老年人在珠海过冬,也没有记录,这些老年人甚至有些已住进敬老院。但在户籍上的老年人也不一定在户籍所在地居住。我们在社区调查的过程中发现,很多在户籍上的老年人只是挂名在一些企业或国营单位宿舍,人不住在这里。例如,广安、滕山、金海岸的情况都比较突出,可能30%~40%户籍名单不实,所以不能依靠名单人数来提供服务;反之,各村委如海澄、矿山,甚至三灶社区,提供的数字比较准确。珠海市究竟有多少老年人,在下一次人口普查之前,恐怕难以确定。

二、珠海市老龄化的区域差异

珠海作为中国最早设立的经济特区之一,享有全国人大赋予的地方立法权。珠海市下辖香洲区(中心城区)、金湾区、斗门区三个行政区,并设立珠海(国家)高新技术产业开发区、珠海保税区、高栏港经济区、横琴经济开发区、万山海洋开发试验区五个经济功能区。在历史的发展过程中,珠海市的三个行政区的社会经济发展水平和人口规模具有较大的差异(见表1.2)。

表 1.1 珠海市民政局 2005—2013 年老年人口情况

年份	市常住人口（万人）	市户籍人口（万人）	60 周岁以上（人）	60 周岁以上所占比例	65 周岁以上（人）	65 周岁以上所占比例
2005	141.57	89.60	77846	8.69%	—	—
2006	144.99	92.63	80932	8.74%	—	—
2007	147.43	95.69	84433	8.82%	61103	6.4%
2008	151.11	99.48	93321	9.38%	64488	6.5%
2009	154.17	102.65	99746	9.72%	67610	6.6%
2010	156.02	104.74	104899	10.02%	—	—
2011	156.76	106.01	113879	10.7%	76311	7.2%
2012	158.26	106.55	117035	11.0%	76655	7.2%
2013	159.03	108.57	—	—	—	—

数据来源：珠海市民政局资料《2005—2013 老年人口相关数据》。

表1.2 珠海市行政区划（2013年）

名称	面积（平方公里）	常住人口（万人）	户籍人口（万人）	街道（个）	镇（个）	居委会（个）	村委会（个）
香洲区	550.84	892	570	8	6	141	7
斗门区	613.88	416	341	1	5	23	99
金湾区	559.60	254	136	0	4	25	14
珠海市	1724.32	1562	1047	9	15	189	120

数据来源：《珠海市统计年鉴2013》。香洲区数字包含珠海高新区所辖唐家湾镇、横琴新区所辖横琴镇，以及万山海洋开发试验区所辖桂山、万山、担杆三镇；金湾区数字包含高栏港经济开发区所辖南水、平沙两镇。常住人口数据来自2010年第六次全国人口普查，香洲区数字包含珠海高新技术产业开发区109152人、横琴新区6914人及万山海洋开发试验区4813人；金湾区数字包含高栏港经济开发区104111人。

香洲区于1984年6月经国务院批准成立。香洲区是珠海市政治、经济、文化、交通和金融中心，下辖狮山、湾仔、拱北、吉大、香湾、梅华、前山、翠香八个街道办事处和唐家湾、南屏、横琴三个镇。1984年建区以来，香洲区发生了翻天覆地的变化，从昔日的边陲小镇发展成为一个花园式的新兴海滨城区，经济实力不断增强，人民生活质量不断改善。

金湾区（含原三灶管理区、平沙管理区和红旗管理区）于2001年4月经国务院批准成立。金湾区位于珠海西部，是珠海市三大行政区之一，下辖三灶、南水、平沙、红旗四镇。金湾区东面与香港、澳门相邻，南面是著名的大西国际水道，北面是经济发达的珠江三角洲腹地。金湾区自建区以来，积极推行各项改革，扩大对外开放，全区经济发展迅速。

斗门区（即原斗门县）处于珠江三角洲的西南角。1965年7月19日经国务院批准成立斗门县，隶属广东省佛山地区。1983年7月，斗门县归属珠海经济特区，成为珠海唯一的市辖县。2001年4月，国务院批准斗门撤县建区；同年12月，斗门区正式挂牌成立，称为珠海市斗门区。斗门区现辖五个镇，即井岸镇、白蕉镇、斗门镇、乾务镇、莲洲镇。斗门由于有较多华侨和港澳同胞，是著名的侨乡。

根据珠海市民政局2005—2012年的相关数据，在老年人口数和老龄化程度方面，珠海市三个行政区也有一定的差异（见表1.3），三个区呈现不同的路径。2005—2012年间，香洲区由于外来人口较多，导致人口结构相对年轻，老龄化程度介于6.89%～9.31%，虽然一直低于联合国老龄化社会的标准，但目前正逐渐接近临界点。斗门区早在2005年已迈入老龄化社会，金湾区亦在2009年正式进入老龄化社会，以整个市区来看，大致于2010年进入老龄化社会（见图1.1）。但有趣的是，由于珠海放宽了入户政策，还在吸纳更多的年青移民，所以老龄化的步伐进一步退一步。2015年珠海市统计局发表的数字，显示珠海全市的老年人口比例仍无重大变化。

表1.3 2005—2012年珠海市各区60周岁以上老年人情况

年份	区/市	户籍人口数（人）	老年人口数（人）	老龄化程度
2005	香洲区	447167	30826	6.89%
	金湾区	115625	10882	9.41%
	斗门区	329706	36138	10.96%
	珠海市	892498	77846	8.72%
2012	香洲区	590330	54938	9.31%
	金湾区	134839	16229	12.04%
	斗门区	340379	45868	13.48%
	珠海市	1065548	117035	10.98%

数据来源：珠海市民政局资料《2005—2013老年人口相关数据》。

从高龄老年人的数目和比例（表1.4）可以看出，2012年以来，珠海全市80岁以上的高龄老年人共有16349人，约占老年人口总数的14.0%。分区域来看，斗门区的高龄老年人比例位

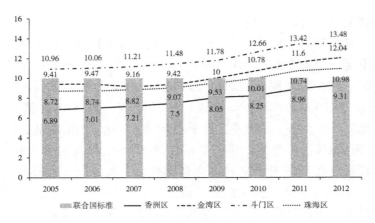

图1.1 珠海市三个行政区的老龄化差异

居全市之首，8484人，约占老年人口总数的18.5%；金湾区的高龄老年人为2447人，占15.1%；香洲区的高龄老年人为5418人，占9.9%。由此可见，珠海市高龄老年人在不同区域的分布不均。

表1.4 珠海市各区高龄老年人情况

年 份	区/市	老年人口（60周岁以上）	高龄老年人口（80周岁以上）	高龄老年人占老年人总数比例
2005	香洲区	30826	2903	9.4%
	金湾区	10882	1722	15.8%
	斗门区	36138	6496	18.0%
	珠海市	77846	11121	14.3%
2012	香洲区	54938	5418	9.9%
	金湾区	16229	2447	15.1%
	斗门区	45868	8484	18.5%
	珠海市	117035	16349	14.0%

数据来源：珠海市民政局资料《2005—2013老年人口相关数据》。

珠海市的经济情况和老龄化有以下特点：

（1）珠海是经济特区，是年轻人的移民城市，所以人口老龄化步伐较广东其他地区为慢。

（2）珠海老年人口 2010 年统计只有 11 万多人，每年以 10% 的速度增加，估计 2015 年达到 16 万人（见图 1.2）。

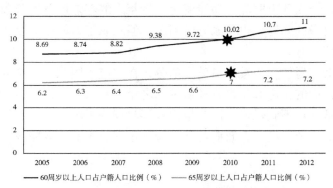

图 1.2　2005—2013 年珠海市老龄化程度

（3）珠海各行政区经济发展不平衡，香洲区的老年人口较多，但占人口总数的比例较低。

（4）西部地区老年人数少于香洲区，但由于年轻移民多住在香洲、吉大、拱北等地，其老龄化和高龄化程度也较高。

（5）珠海各行政区域老年人文化程度应有分别；市区老年人文化程度应较高，退休后收入应较多；西区为传统农业生产地区，应比市区老年人文化程度低，退休后收入应比较少。

（6）金湾平沙曾是华侨农场，老年人应有退休金，但比东部地区国有企业的退休保障为低。

（7）斗门区也是侨乡，但经济以农业为主，当地老年人的经济情况与其他区域应有较大的差距。

据联合国预测，1990—2020 年世界老龄人口平均年增速度为 2.5%。发达国家老龄化经历了一个较为漫长的过程，长达几十年甚至百余年，珠海市的老龄化速度要快得多，当入户政策收紧时，这种老龄化速度还会逐渐加快。

老年人口的增加，可能带来一些问题，但社会未必不能承受。但中国社会特别是广东在过去30年间的高速工业化，才把老龄化的问题放大。

在工业化、城市化和现代化的快速进程中，家庭规模趋向核心化，个人和家庭养老功能弱化。老年人的养老问题不仅仅是老年人自身的问题，也是家庭的问题，但双职工核心家庭难以负起养老的任务。

老年群体作为总人口的一部分，在完成了国家、社会和家庭赋予他们的生产和生育责任后进入老年，然而，他们年老后的生活质量已得不到保障。因为他们青年时期的贡献，社会经济才有今日的发展，所以，政府与社会应承担其更多的养老服务。

第二章
珠海老年人的社会生活现状

一、珠海老年人口的家庭生活状况

老年社会服务的内容是以老年人的需求为导向的。老年人的需求归纳起来可以分为三个部分：经济需求、日常生活照料需求和精神需求。

为了全面了解珠海老年人及老年人照顾者（care-provider）的服务需求，了解养老服务中可能存在的问题与不足，倾听基层民众对政府养老工作的看法、评价、意见或建议，为政府在养老工作上的决策提供科学依据，珠海市民政局委托北京师范大学—香港浸会大学联合国际学院社会管理研究与服务中心，于2013年12月展开了珠海市社会养老服务模式探索与研究调查[①]。

此次实际调查中，筛选剔除不合格的受访者后，21名学生助理深入珠海市14个社区/街道进行访谈，共完成了207份访谈问卷。由于地域与交通所限，其中80.8%来自香洲区，10.1%来自金湾区，9.1%来自斗门区。

此次调研，以家庭中的老年人照顾者为访问对象。被访者的大致特征为：39岁以下的女性，高中（中专）以上学历，在家庭中照顾1~2名老年人，如果家庭中需要照顾的老年人为1名，则与被访者的关系主要是父女/母女关系；如果家庭中需要照顾的老年人超过1名，则主要是被访者的父母。

---

① 黄匡忠、吴耀辉、袁小良、李建贤. 珠海市社会养老体系研究报告. 北京师范大学—香港浸会大学联合国际学院社会管理研究与服务中心，2014.

表2.1 家庭中接受照顾的老年人人数（N=207）

家庭中的老年人数（人）	人数（人）	有效百分比
1	87	53.72%
2	66	40.72%
3	4	0.25%
4	4	0.25%
5	1	0.06%
缺失资料	45	

此次调研中，老年人的主要特征为：年龄主要是70～80岁（24.54%）（见表2.2），学历以小学、初中为主，也有相当部分（22.71%）是文盲（见表2.3）。

表2.2 家庭中老年人的年龄（N=207）

年 龄	人数（人）	百 分 比
60岁以下	44	21.26%
60～64岁	50	24.15%
65～69岁	32	15.46%
70～80岁	57	27.54%
80岁以上	22	10.63%
缺失值	2	0.97%

表2.3 老年人的受教育程度

受教育程度	人数（人）	百 分 比
文盲	47	22.71%
小学	67	32.37%
初中	41	19.81%
高中（中专）	33	15.94%

续上表

受教育程度	人数（人）	百 分 比
大专	8	3.86%
本科及以上	8	3.86%
缺失值	2	0.97%

老年人的经济来源主要依靠退休金（48.31%）和家人提供（28.50%），但不少老年人还在工作（17.39%），见表2.4。

表2.4 老年人的经济来源

经济来源	人数（人）	百 分 比
仍在工作	36	17.39%
退休金	100	48.31%
家人	59	28.50%
配偶	1	0.48%
低保	6	2.90%
其他	5	2.42%

二、老年人的社交网络和社会生活

社交网络与社会活动对于促进老年人的身心健康、生活质量非常重要。

此次调研表明，仅有16.91%的老年人有1～3位好朋友，15.94%有4位或以上好朋友。但大部分的老年人（46.38%）没有好朋友或者朋友不固定；有好朋友的老年人当中，近五成老年人的好朋友是邻居、同事（见表2.5、表2.6）。

近七成的老年人没有拜访者。有拜访者的主要是家人、亲戚、街坊邻居、朋友、同事、老乡，拜访者一般在平日、周末、逢年过节时拜访。有拜访者的老年人中的60.62%会随拜访者外出，外出频率最多的是每周1～2次（见表2.7～表2.11）。

表2.5 被访者家中老年人有多少好朋友

老年人好朋友数量（人）	人数（人）	百分比
1～3	35	16.91%
4～6	18	8.70%
7～10	8	3.86%
10人以上	7	3.38%
没有	31	14.98%
具体数字不详	65	31.40%
空白	43	20.77%

表2.6 老年人的好朋友分别是谁

老年人的好朋友	人数（人）	百分比
亲戚	28	12.17%
老乡	12	5.22%
同学	8	3.48%
社区/邻居	70	30.43%
同事	33	14.35%
战友	2	0.87%
其他棋友、牌友等	3	1.30%
确定人名而无法归类	21	9.13%
没有	4	1.74%
空白	49	21.30%

表2.7 老年人每周平均有多少拜访者

拜访者数量	人数（人）	百 分 比
基本没有	67	32.37%
1～2个	31	14.98%
3～4个	19	9.18%
5～10个	8	3.86%
说不定，无确切数字	58	28.02%
空白	24	11.59%

表2.8 老年人的拜访者是谁

老年人的拜访者	人数（人）	百 分 比
家人、亲戚	53	23.98%
街坊邻居	33	14.93%
私人朋友、同事、老乡	21	9.50%
其他无法确定拜访者身份	25	11.31%
空白	89	40.27%

表2.9 老年人拜访者的来访时间

老年人拜访者的拜访时间	人数（人）	百 分 比
平时	36	17.65%
周末	30	14.71%
逢年过节	15	7.35%
不定时	26	12.75%
空白	97	47.55%

表 2.10　老年人是否会随拜访者外出

老年人是否会外出	人数（人）	百　分　比
会	117	60.62%
不会	43	22.28%
不确定、看情况	2	1.04%
空白	31	16.06%

表 2.11　每周老年人随拜访者外出的频率

老年人随拜访者外出的频率	人数（人）	百　分　比
每天	20	9.66%
每周 3～4 次及以上	12	5.80%
每周 1～2 次	31	14.98%
每月 4～6 次	0	0.00%
每月 1～2 次	12	5.80%
每年 1～2 次	2	0.97%
不确定	25	12.08%
空白	105	51.21%

　　整体而言，老年人的社交网络不稳定，相对单一、狭窄。或者说人老了，不需要太多朋友，甚至依据社会脱离理论（Disengagement Theory）[①]，解除社会角色，生活也可以快乐。那他们有什么活动呢？此次调研表明老年人拥有众多的日常活动，诸如打太极、跳舞、下棋、打麻将、爬山、看电影、特定的康复训练、前往诊所/医院进行医疗咨询、其他户外活动等，最经常参与的

[①] Cumming, E. & Henry, W. E. (1961). *Growing Old, Aging and Old Age*. New York: Basic Books.

活动却是做家务（18.58%）、买菜做饭（5.53%）和照料孩子（13.72%），见表2.12。老年人退休后不用工作的画面与事实不大相符。家务劳动当然也是工作，很多老年人其实并没有退休。

表2.12　老年人参与的日常活动

日常活动	人数（人）	比例
打太极	19	4.20%
跳舞/广场舞	34	7.52%
下棋	18	3.98%
打麻将	41	9.07%
打牌	5	1.11%
爬山	16	3.54%
散步	43	9.51%
看电影	2	0.44%
做家务	84	18.58%
买菜做饭	25	5.53%
晨练	13	2.88%
照料孩子	62	13.72%
康复训练	2	0.44%
医疗咨询	18	3.98%
看电视	31	6.86%
唱歌	3	0.66%
种菜	3	0.66%
打球	7	1.55%
逛街	13	2.88%
无日常活动	13	2.88%

三、照顾者的难题及老年人需求

从调研数据中可以看出,仅有17.08%的被访者表示暂时没有困难;33.81%的被访者表示遇到的首要难题是缺少空闲时间,其次是照顾者自身的疾病(9.96%),以及代际在价值观、语言、沟通等方面的冲突(9.61%),见表2.13。从被访者的角度来说,他们对社区服务的诉求分为三方面(见表2.14):

(1)为老年人展开的免费体检、医疗保健、健康咨询、康复救助,占19.4%。

(2)拓展老年人的活动中心,兴建老年人文娱康乐活动设施,修建公园等硬件设施,占18.2%。

(3)开展针对老年人的休闲、旅游等文娱活动,占18.2%。

表2.13　老年人照顾者遇到的困难

遇到的问题	人数(人)	百分比
暂时没有困难	48	17.08%
缺少空闲时间	95	33.81%
缺乏专业护理知识	12	4.27%
缺乏家庭成员支持	5	1.78%
缺乏专业护理技巧	7	2.49%
老年人行为上的挑战	8	2.85%
老年人情感上的挑战	13	4.63%
照顾者自身的疾病等	28	9.96%
空白	10	3.56%
代沟、价值观、语言、沟通等冲突	27	9.61%
担心未来	11	3.91%
经济困难、看病贵	17	6.05%

表2.14 社区还需要提供给老年人的服务

社区需要提供给老年人的服务	人数（人）	百分比
不需要	14	5.5%
活动场所、文娱设施、老年服务中心、休闲公园、健身康乐设施	46	18.2%
医疗保健、健康咨询、免费体检、康复救助	49	19.4%
政府经济补贴、医疗报销等其他优待	15	5.9%
休闲、旅游、文娱、聚会活动	46	18.2%
卫生、治安	6	2.4%
居家照顾、家政、托儿、义工探访	19	7.5%
情感、精神慰藉、心理咨询	18	7.1%
没有意见、不知道	21	8.3%
缺失资料	19	7.5%

无缝社会养老服务体系探索——从珠海看中国社会养老模式

第三章
珠海老年人的经济状况

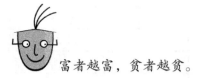

富者越富,贫者越贫。

一、珠海国内生产总值

珠海市自1980年设立经济特区以来,经济和社会蓬勃发展(见图3.1)。从统计数据可以看出,2008年以前,珠海的经济发展突飞猛进,每年国内生产总值(GDP)的增长率均为两位数;2008年以后,经济增长放缓,大致在6.6%～12.8%之间。总的来看,珠海GDP由2001年的367.23亿元到2013年的1662.38亿元,增长3.53倍(见图3.1)。珠海人均GDP则从2001年的29315元增长到2012年的95471元,增长226%,实现翻倍式增长(见表3.1)。珠海经济的迅猛发展为养老产业的发展提供了一定的物质基础。但珠海的经济起飞较珠三角其他地区如深圳、东莞、中山为迟,这也是珠海社会发展相对滞后的原因。

支出方面,珠海市的一般预算支出从2001年的37.35亿元增长到2013年的248.09亿元,增长5.64倍;其中2008年、2010年增速明显,其他年份相对温和。其中,社会保障和就业支出占政府总支出的比例比较稳定,保持在7.0%～9.8%之间(见表3.2)。

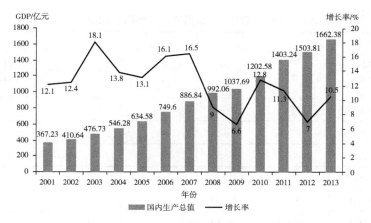

图 3.1　珠海市 2001—2013 年国内生产总值及增长率统计

数据来源：珠海市统计局 2013 年《珠海市国民经济和社会发展统计公报》。

表 3.1　2001—2012 年珠海市人均 GDP 及增长速度

年　份	人均 GDP（元）	增　长　速　度
2001	29315	11.3%
2002	31671	8.0%
2003	36036	13.8%
2004	40511	12.4%
2005	45320	11.9%
2006	52189	15.2%
2007	61303	17.5%
2008	66798	9.0%
2009	68042	1.9%
2010	77888	14.5%
2011	89794	15.3%
2012	95471	6.3%

数据来源：珠海市统计局 2013 年《珠海市统计年鉴》。

表 3.2 2001—2013 年珠海市社会保障和就业支出统计

年 份	一般预算支出（亿元）	增长	社会保障和就业支出（亿元）	增长	社会保障和就业支出占总支出的比例
2001	37.35	—	—	—	—
2002	41.80	11.9%	—	—	—
2003	45.34	8.5%	—	—	—
2004	50.89	12.2%	—	—	—
2005	57.77	13.5%	—	—	—
2006	70.49	22.0%	—	—	—
2007	82.82	17.5%	8.14	—	9.8%
2008	105.68	27.6%	10.33	26.9%	9.8%
2009	121.30	14.8%	11.45	10.8%	9.4%
2010	166.41	37.2%	13.03	13.8%	7.8%
2011	190.37	14.4%	16.58	27.2%	8.7%
2012	212.20	11.5%	17.01	2.6%	8.0%
2013	248.09	16.9%	17.54	3.1%	7.0%

数据来源：珠海市统计局 2001—2013 年《珠海市统计年鉴》。

在人口规模方面，珠海市 2001 年常住人口达到 128.45 万人，其中户籍人口 75.93 万人；2013 年常住人口达到 159.03 万人，其中户籍人口 108.57 万人。这说明近 10 年来户籍人口保持着稳定的增长趋势，而非户籍人口增长较慢于户籍人口。（见表 3.3）

表 3.3 珠海市 2001—2013 年人口统计

年 份	常住人口（万人）	常住人口增长率	户籍人口（万人）	户籍人口增长率
2001	128.45	0.3%	75.93	2.7%
2002	131.61	2.5%	78.61	3.5%

续上表

年 份	常住人口（万人）	常住人口增长率	户籍人口（万人）	户籍人口增长率
2003	134.85	2.5%	82.02	4.3%
2004	138.86	3.0%	86.17	5.1%
2005	141.57	2.0%	89.60	4.0%
2006	144.99	2.4%	92.63	3.4%
2007	147.43	1.7%	95.69	3.3%
2008	151.11	2.5%	99.48	4.0%
2009	154.17	2.0%	102.65	3.2%
2010	156.15	1.3%	104.74	2.0%
2011	156.76	0.4%	106.01	1.2%
2012	158.26	1.0%	106.55	0.5%
2013	159.03	0.5%	108.57	1.9%

数据来源：珠海市统计局，2001—2013 年《珠海市统计年鉴》。

二、珠海老龄化与经济条件

中国社会科学院及社会科学文献出版社发布的《2014 年中国社会形势分析与预测》（张翼、李培林、陈光金等，2013），指出我国老龄化社会有三大经济特征：

一是未富先老。发达国家一般在人均 GDP 为 5000～10000 美元时，自然进入老龄化社会。2000 年，中国 60 周岁以上人口占总人口数的 10.1%，人均 GDP 仅为 3976 美元（但珠海在 2010 年时，人均 GDP 已接近 18000 美元，可以说是相对中国其他城市经济条件较佳）。

二是未备先老。我国的社会体系，特别是社会养老保障和养老服务体系尚未做好应对人口老龄化的准备。

三是抚养比高。到老龄化高峰期，我国的老年人抚养比将达到78%，相当于三个劳动力养两个老年人。

同时，老年人口地域、城乡分布不均衡。我国老龄化呈由东向西梯次分布特征，最早进入老龄化的上海和最迟进入老龄化的宁夏时间差达33年。

在老龄化的进程中，珠海的老龄化亦呈现自己的特征，可以概括如下：

（1）老年人口分布不均。东部地区如香洲区，是珠海人口集中地域，所以老年人口数量也多，但相对总人口的比例却不高；西部地区金湾区、斗门区老年人口比例高，绝对数字却比东部地区少。

（2）老年人社会保障和可支配收入不平均。东部地区老年人大多有退休保障；西部地区老年人主要是农村户口，社会保障水平很低。

（3）珠海的社会养老服务设施大多集中在香洲区。西部地区的金湾区及斗门区地域辽阔，老年人口众多，但养老机构与社区服务发展滞后，到2015年后才起步。

我们也可以说珠海的养老服务是处女地，有无限的可能。

第四章
社区服务的不足

我们全覆盖。

一、聊胜于无的社区养老设施

随着我国社会经济的发展以及家庭结构日趋小型化,家庭已经不能满足养老的需求,社会化养老已成为应对人口老龄化挑战的必然选择之一,养老机构在社会化养老中的作用日益显著。因此,养老机构的数量、质量和服务水平在某种程度上反映了一个地区养老服务的水平。

根据调查数据,仅有不到三成(25.12%)的被访者明确表示所在的社区有养老服务机构(见表4.1),仅有16.06%的被访者表示家中老年人使用过社区养老服务(见表4.2)。这些社区的养老服务主要为休闲文娱活动(6%)、体检(6%)、社区活

表4.1 社区是否有老年人服务设施/单位

是否有老年人服务机构	人数(人)	百分比
有	52	25.12%
没有	120	57.97%
不清楚	35	16.91%

动（4%）。对社区的养老服务机构满意的被访者仅占11.40%（见表4.3）。这显示目前社区养老机构覆盖率偏低，同时，机构养老服务内容单一，暂时仍无法让老年人感到满意。

表4.2 老年人是否接受过老年人服务设施/单位的服务

是否使用过老年人服务	人数（人）	百分比
有	31	16.06%
没有	22	11.40%
缺失资料	140	72.54%

表4.3 对老年人服务设施/单位的满意度

对老年人服务机构的满意度	人数（人）	百分比
满意	22	11.40%
一般	11	5.70%
不满意	4	2.07%
非常不满意	2	1.04%
缺失资料	154	79.79%

老年人对服务设施/单位有什么不满意呢？以下是一些反馈：

（1）娱乐设施不足，活动少；随着外地人的增加，变为外地人的聚集地点。

（2）没有使用过，不知道好不好。

（3）老年人不主动参与活动，但服务单位也没有主动做些推广的工作。

（4）要有社会捐款才能吸引老年人组织各种活动，譬如旅游或者聚餐。

（5）要收费（据说300元/年）。

（6）去老年人活动中心打牌的多，老年人不喜欢；距离家里有2～3公里，老年人自己不愿意去。

（7）卫生条件差（被访者提到使用的人不注意卫生，会随地吐痰）。

由于上述反馈的意见只是非常少数，加上大部分老年人都没有参加过社区中老年人服务设施/单位的活动，所以这些意见只能作为参考。由于珠海市当时只有极少社工机构提供专业的老年服务，被访者所指的老年人服务设施/单位基本上是居委会或村委会提供的老龄活动场所，甚至不应称其为中心，以区别于有管理的社区中心。

二、节假日的老龄活动

作为政府在基层的延伸，中国城镇的街道/社区，以及农村的乡镇/村委会在老年人生活中理应扮演着十分重要的作用，尤其在帮助老年人解决一些实际困难与问题时更应如此。国家的一些政策都是通过这些居委会/村委会的工作而落实到每一个老年人身上的，可以说与老年人的生活息息相关，但调查显示居委会/村委会的老龄工作是缺乏成效的。

调查数据显示，仅有18.36%的被访者知道社区居委会/村委会有特别为老年人提供的服务（见表4.4），但只有12.11%的老年人使用过居委会/村委会在社区提供的老年人服务（见表4.5）。被访者对社区的老年人服务满意度只有5.79%。

表4.4　居委会/村委会有没有组织老年人活动

居委会/村委会是否组织老年人活动	人数（人）	百分比
有	38	18.36%
没有	116	56.04%
不清楚	53	25.60%

表4.5 老年人是否使用过居委会/村委会的老年人服务

是否使用过居委会/村委会的老年人服务	人数（人）	百 分 比
有	23	12.11%
没有	7	3.68%
缺失资料	160	84.21%

被访者认为社区的老年人活动主要局限于节日聚餐/慰问（9.38%）、跳舞/唱歌等文娱活动（6.77%）、免费体检（1.56%），但社区的老年人活动频率不稳定，非常态化。（见表4.6）

表4.6 你所知道的社区上一次老年人活动的类别

社区内的老年人活动	人数（人）	百 分 比
免费体检	3	1.56%
跳舞/唱歌等文娱活动	13	6.77%
节日聚餐/慰问	18	9.38%
讲座等其他	1	0.52%
不太清楚	6	3.13%
缺失资料	151	78.65%

三、社区内外老年人活动设施

活动不足，设施可以补救。随着时间的推移，以及老年人衰老趋势的加快，老年人生活的社区/街道内外的康乐设施就成为老年人服务的"最后一公里"，这些设施的数量、质量、功能也对老年人健康至关重要。

此次调查显示，38.16%的被访者表示所在社区有社交及康乐设施，表示没有的只占4.83%；绝大部分的被访者（72.95%）

表示所在社区有户外运动设施，但60.87%的被访者表示所在社区没有室内健身运动设施。有66.18%的被访者认为社区设施不能满足需求，不能满足的前三位原因依次是：设施太少（35.3%）、老年人服务缺乏（23.7%）和缺乏政府、社会关心（占10.8%）。（见表4.7至表4.11）

表4.7　社区是否有社交及康乐设施

是否有社交及康乐设施	人数（人）	百分比
有	79	38.16%
没有	10	4.83%
不清楚	5	2.42%
空白	113	54.59%

表4.8　社区是否有户外运动设施

是否有户外运动设施	人数（人）	百分比
有	151	72.95%
没有	40	19.32%
不清楚	4	1.93%
空白	12	5.80%

表4.9　社区是否有室内健身运动设施

是否有室内健身运动设施	人数（人）	百分比
有	49	23.67%
没有	126	60.87%
不清楚	16	7.73%
空白	16	7.73%

表 4.10　现有的老年人服务和设施是否能满足老年人的需求

现有服务和设施能否满足老年人需求	人数（人）	百分比
能	19	9.18%
基本能满足	19	9.18%
一般	6	2.90%
不能	137	66.18%
不清楚、无意见	26	12.56%

表 4.11　不能满足的具体原因

具 体 原 因	人数（人）	百 分 比
设施太少	49	35.3%
活动太少	2	1.4%
缺少政府、社会关心	15	10.8%
老年人服务缺乏	33	23.7%
外来人口	4	2.9%
小区设施太旧或不足、不适合	14	10.1%
居委会不作为	4	2.9%
缺乏政府补贴	3	2.2%
缺少公益机构	1	0.7%
未表明原因	14	10.0%

　　上述情况说明珠海由于城市建设相对完善，每个社区基本上配备了户外社交及康乐设施，但是由于设施老化、陈旧或者不是针对老年人设计的等因素，部分社区的被访者感到设施还需要增加，尤其是室内设施远远不足。

四、有关社区养老服务的建议

总的来看,被访者对社区养老服务的建议可以分为七大方面(见表4.12),依次是:

(1) 增加康乐/健身设施,兴建公共设施,拓展活动空间,占23.0%。

(2) 提高老年人退休金,增加抚恤金、养老金、医疗补助,减少医疗费用,占19.2%。

(3) 举办各类文娱活动、敬老活动、交流活动、旅游活动以及兴趣班,占13.4%。

(4) 开展义工服务、日间照料/护理服务,占10.9%。

(5) 开展免费义诊、体检,展开医疗咨询,普及养生知识,占10.9%。

(6) 政府调整养老模式,修正养老保障政策,加大投入及宣传力度,占6.7%。

(7) 公平对待外来人口,开放养老资源,占5.4%。

表4.12 对于社区养老服务的建议

建 议	人数(人)	百 分 比
康乐/健身设施/公共设施/活动空间	55	23.0%
提高退休金/增加医疗补助/增加抚恤金/增加养老金/减少医疗费	46	19.2%
文娱/敬老活动/交流活动/旅游/康乐活动/兴趣班	32	13.4%
免费义诊/体检/医疗咨询、普及养生知识	26	10.9%
上门探访/义工服务/养老服务机构提供服务/日间护理/日间照料	26	10.9%

续上表

建 议	人数（人）	百分比
政府调整养老模式/政府关心/保障政策/政府加大投入/政府宣传	16	6.7%
公平对待外来人口/养老资源开放/公平对待普通大众以及公务员/外来人口适应	13	5.4%
没有意见	25	10.5%

五、珠海养老所面对的问题

从上述数据中，我们可以总结出珠海的社会养老处境，有以下几个突出的问题：

（1）家庭照料功能在急剧减弱。在社会急剧转型与广泛变迁的过程中，家庭日趋小型化，家庭养老功能呈现出急剧弱化的趋势，老年人的家庭生活照料问题日渐突出。在家庭结构小型化的同时，代际分离趋势也在不断增强，本次调查中，42%的被访者表示家庭中仅有1名老年人，9.61%的被访者反映遭遇代际在价值观、语言、沟通等方面的冲突。

（2）社区养老设施与需求不对接。珠海大部分社区都会有为老年人提供的设施，但主要是闲暇与休息场所，设施也分布不均，导致老年人和他们的照顾者对社区设施认识不足，文体活动参与度较低。大部分公办敬老院设施不符合老年人的护理需求，入住率较低。

（3）基层社区缺乏常态化的老年活动。社会化服务与老年人需求有很大差距，同时基层老年人服务机构的管理和服务工作较为薄弱。从调查中可以看出，仅有14.49%的被访者明确表示所在的社区有养老服务机构，仅有12.11%的被访者表示家中老年人使用过养老机构的服务，仅有18.36%的被访者表示社区有针对老年人的服务，5.79%的被访者对社区的老年人服务表示满意。同时调查也显示，老年人参加老年大学、老年人协会等组织活动的比例非常低，基层社区老龄工作比较薄弱。访谈中，大部分老年人还是反映愿意多参与一些活动的，然而实际调查中可以看出老年人参与的社区活动非常有限，主要局限于节日慰问/聚餐、跳舞/唱歌等文娱活动、免费体检，被访者表示老年人对这些活动的满意度为11.46%，显示社区针对老年人的活动有改进的空间。

（4）老年人社交网络薄弱。转型期社会、经济和文化的变迁，家庭的变化，不仅对老年人的物质生活产生影响，也给老年人的心理健康带来很大的冲击。调查反映，老年人的社交网络薄弱，也有不少老年人反映生活中感到孤独，缺乏精神慰藉。

（5）老年照顾者负担沉重。从照顾者的角度来看，绝大部分照顾者面临的问题是缺少空闲时间；其次，照顾者自身的疾病更加剧了家庭成员对老年人的照顾的不足。

（6）老年人最关心医疗保障。目前，老年人的社会保障、医疗保障水平不能满足其需求。对老年人来说，退休金是一个最基本、最稳定的生活来源，而调查中发现大部分老年人需要家庭成员的经济支持，其他收入来源非常有限。一方面，随着年龄的增长，老年人的身体健康状况逐渐恶化，发病率与伤残率上升，对医疗服务的需求越来越多；另一方面，老年人的支付能力十分有限，可利用的医疗资源极为有限，也限制了他们对医疗服务的获得。我们在调查中发现，"会生病"成为大部分老年人最担心的问题之一，有19.2%的被访者希望政府提高社会保障水平，加大医疗保障、看病报销的政策力度。

最后，或者有朋友认为是次研究的样本太小，没有代表性。但只要是真正了解珠海社会现况的人，都知道虽不中，亦不远矣。

第五章
老有所养——珠海老年人的生活保障

究竟老年人退休后有多少可支配的生活费，怎么老说不清？

一、社会养老保险

老年人的生活保障，除了家庭，只有依靠养老保险。养老保险可分为社会养老保险和商业养老保险。过去，社会保险分为三个层面，包括为有工作的个人制定的"城镇职工基本养老保险"，为没有参加工作的个人制定的"城镇居民社会养老保险"以及为农村户口的个人制定的"新型农村养老保险制度"。

1. 城镇职工基本养老保险

职工基本养老保险是指国家通过立法，多渠道筹集资金，对劳动者在年老后减少或失去劳动收入时给予经济补偿，使他们能够享有基本生活保障的一项社会保障。2016年职工基本养老保险的缴纳比例是：职工所在企业缴纳20%，职工个人承担8%。缴纳年限为15年。

领取城镇职工基本养老保险的条件为：

（1）本人达到法定退休年龄并办理了退休手续。

（2）所在单位和个人依法参加基本养老保险并履行缴费义务。

(3) 个人累计缴费时间满 15 年。

享受的待遇如下：

(1) 按月领取按规定计发的基本养老金，直至死亡。

(2) 享受基本养老金的正常调整待遇。

(3) 对企业退休人员实行社会化管理服务。

(4) 死亡待遇。

1) 丧葬费：退休人员为按上年度全省社会平均工资的 3 个月计发，离休人员为 5000 元。

2) 一次性抚恤费：退休人员为按上年度全省社会平均工资的 10 个月计发，离休人员为本人 20 个月的工资。

3) 符合供养条件的直系亲属生活困难补助费，按月发放，直至所供养的直系亲属死亡。

养老保险若出现缴费中断现象，可延续缴费或者一次性缴费至 15 年，均可享受养老保险的相关待遇。

2. 城镇居民社会养老保险

城镇居民社会养老保险基金主要由个人缴费和政府补贴构成，适用于没有参加工作或没有参与职工基本养老保险的城镇居民。参保人自主选择档次缴费，多缴多得。

领取城镇居民社会养老保险的条件：

(1) 无论男女，都要求年满 60 周岁。

(2) 制度实施时，已年满 60 周岁，未享受城镇职工基本养老保险待遇以及国家规定的其他养老待遇的，不用缴费，可按月领取基础养老金。

(3) 距领取年龄不足 15 年的，应按年缴费，也允许补缴，累计缴费不超过 15 年。

(4) 距领取年龄超过 15 年的，应按年缴费，累计缴费不少于 15 年。

领取保险金时，可由本人或其直系亲属代为提出申请，经过核定后，由银行或其他金融机构代发养老保险金。如果参保人员死亡,其个人账户中的资金余额,除政府补贴外,可以依法继承;政府补贴余额用于继续支付其他参保人的养老金。

3. 新型农村养老保险制度

新型农村养老保险制度(简称"新农保")是中央作出的又一项惠农利农的重要决策,参保农民年满60周岁就能享受养老金待遇,是实现农民老有所养的重要保障制度。新农保基金由个人缴费、集体补助、政府补贴构成。个人缴费方面,各县区根据实际情况略有不同,基本分为100元、200元、300元、400元、500元五个档次。政府补贴方面,由县以上各级财政公共承担。

领取新农保的条件:

(1)凡是参加新农保、年满60周岁、未享受城镇职工基本养老保险待遇的村、镇户籍的老年人,均可按月领取养老金。

(2)距领取年龄不足15年的(即45周岁至59周岁),可选择其中一个档次按年缴费,累计缴费不超过15年。

(3)距领取年龄超过15年的(即16周岁至44周岁),累计缴费不少于15年。

(4)目前城镇居民养老保险的基础养老金标准是每月55元。地方政府可以根据实际情况提高基础养老金的水平。

4. 统一城乡居民基本养老保险制度

2014年4月21日,农村社会保险司发布了《国务院关于建立统一的城乡居民基本养老保险制度的意见》(国发〔2014〕8号,以下简称《意见》),提出:"健全服务网络,提高管理水平,为参保居民提供方便快捷的服务。'十二五'末,在全国基本实现新农保和城居保制度合并实施,并与职工基本养老保险制度相衔接。2020年前,全面建成公平、统一、规范的城乡居民养老保险制度,与社会救助、社会福利等其他社会保障政策相配套,充分发挥家庭养老等传统保障方式的积极作用,更好保障参保城乡居民的老年基本生活。"

年满 16 周岁（不含在校学生），非国家机关和事业单位工作人员及不属于职工基本养老保险制度覆盖范围的城乡居民，可以在户籍地参加城乡居民养老保险。个人缴费标准目前设为每年 100 元、200 元、300 元、400 元、500 元、600 元、700 元、800 元、900 元、1000 元、1500 元、2000 元十二个档次，省（区、市）人民政府可以根据实际情况增设缴费档次，最高缴费档次标准原则上不超过当地灵活就业人员参加职工基本养老保险的年缴费额，参保人自主选择档次缴费，多缴多得。

有条件的村集体经济组织应当对参保人缴费给予补助，资助金额不超过当地设定的最高缴费档次标准。政府对符合领取城乡居民养老保险待遇条件的参保人全额支付基础养老金，其中，中央财政对中西部地区按中央确定的基础养老金标准给予全额补助，对东部地区给予 50% 的补助。

地方人民政府应当对参保人缴费给予补贴，对选择最低档次标准缴费的，补贴标准不低于每人每年 30 元；对选择较高档次标准缴费的，适当增加补贴金额；对选择 500 元及以上档次标准缴费的，补贴标准不低于每人每年 60 元，具体标准和办法由省（区、市）人民政府确定。对重度残疾人等缴费困难群体，地方人民政府为其代缴部分或全部最低标准的养老保险费。

城乡居民养老保险待遇由基础养老金和个人账户养老金构成，支付终身。

（1）基础养老金。中央确定基础养老金最低标准，建立基础养老金最低标准正常调整机制，根据经济发展和物价变动等情况，适时调整全国基础养老金最低标准。地方人民政府可以根据实际情况适当提高基础养老金标准；对长期缴费的，可适当加发基础养老金，提高和加发部分的资金由地方人民政府支出，具体办法由省（区、市）人民政府规定，并报人力资源和社会保障部备案。

（2）个人账户养老金。个人账户养老金的月计发标准，目前为个人账户全部储存额除以 139（与现行职工基本养老保险个人账户养老金计发系数相同）。参保人死亡，个人账户资金余额可以依法继承。

参加城乡居民养老保险的个人，年满60周岁、累计缴费满15年，且未领取国家规定的基本养老保障待遇的，可以按月领取城乡居民养老保险待遇。新农保或城居保制度实施时已年满60周岁，在《意见》印发之日前未领取国家规定的基本养老保障待遇的，不用缴费，自《意见》实施之月起，可以按月领取城乡居民养老保险基础养老金；距规定领取年龄不足15年的，应逐年缴费，也允许补缴，累计缴费不超过15年；距规定领取年龄超过15年的，应按年缴费，累计缴费不少于15年。

参加城乡居民养老保险的人员，在缴费期间户籍迁移、需要跨地区转移城乡居民养老保险关系的，可在迁入地申请转移养老保险关系，一次性转移个人账户全部储存额，并按迁入地规定继续参保缴费，缴费年限累计计算；已经按规定领取城乡居民养老保险待遇的，无论户籍是否迁移，其养老保险关系不转移。

城乡居民养老保险制度还与职工基本养老保险、优抚安置、城乡居民最低生活保障、农村"五保"供养等社会保障制度以及农村部分计划生育家庭奖励扶助制度衔接。

二、珠海社会保险的实施

2013年末珠海市常住人口159.03万人，比上年末增加0.77万人，增长0.5%。人口城镇比87.9%。全市户籍人口108.57万人，增长1.9%。全市户籍出生人口13336人，出生率12.4‰；死亡人口2537人，死亡率2.4‰；自然增长率10‰。[①]以自然人口增长10%计算，2014年底老年人口应有16万。

要统计老年人养老金的情况有很多困难，因为政府数据分散

---

① 珠海市统计局国家统计局珠海调查队，2014年3月28日。

且不统一。比如概率,目前珠海市养老金发放工作正紧张有序地进行,增加的养老金将陆续发放到位。其中2013年12月31日前(含当日)已领取基本养老金的离退休人员共86380人[①],养老金领取者只占16万老年人口的54%。

我们要注意的是,职工基本养老保险基金和城镇居民社会养老保险基金支出的增长都高于收入的增长,只有新型农村养老保险基金的收入增长大于支出。

依据珠海市社会保险基金管理中心的公告,截至2013年底,全市各项社会保险参保人数为520.97万人次,同比增长7.56%。其中,养老保险(含新农保、城居保)105.36万人,同比增长0.17%;失业保险87.42万人,同比增长1.32%;医疗保险(含城乡居民医保)151.98万人,同比增长1.26%;工伤保险88.39万人,同比增长0.72%;生育保险87.82万人,同比增长59.46%[②]。

2013年,全市社会保险基金总收入1062898万元,同比增长22.51%;总支出546024万元(不含各险种基金划拨门诊统筹支出的15440万元),同比增长31.05%;当年结余516874万元,同比增长14.61%。历年滚存结余2868259万元。

职工五项社会保险基金中,职工基本养老保险基金收入694454万元,同比增长22.29%;支出297106万元,同比增长41.18%;当年结余397348万元,历年滚存结余2292228万元。

地方社会保险基金收支情况:新型农村养老保险基金收入27369万元,同比增长67.76%;支出14272万元,同比增长58.28%;当年结余13097万元,历年滚存结余54619万元。

城镇居民社会养老保险基金收入2809万元,同比增长69.63%;支出1472万元,同比增长79.95%;当年结余1337万元,历年滚存结余4991万元。

---

① 《珠海特区报》,2014年3月27日。
② 珠海市社会保险基金管理中心,2014年6月10日。

2014年社会保险基金的预算显示,政府财政对社会保险的资助仅有对新型农村养老保险基金的补助2500万元和对城镇居民社会养老保险基金的补助60万元,共3100万元,加上对归口管理的行政单位离退休支出的2584841元,对其他行政事业单位离退休支出的1455710元和对其他退役安置支出的46000000元,总计81004551元[①]。

表5.1 珠海市参加各类保险人数及增长(2014)

指　　标	参保(万人)	年度增长(％)
参加城镇职工基本养老保险(含离退休)	109.82	1.9
其中:参保职工	100.40	1.3
参保离退休人员	9.42	9.1
参加城镇居民社会养老保险(含领取养老待遇)	10.11	－2.2
其中:参保人员	5.50	－7.6
领取养老待遇人员	4.61	5.0
参加城乡(镇)基本医疗保险	155.41	2.3
其中:城镇职工基本医疗保险	110.06	2.0
城乡(镇)居民基本医疗保险	45.35	2.9
参加城镇基本医疗保险的异地务工人员	52.77	1.7
参加失业保险	89.24	2.1
参加工伤保险	90.39	2.3
其中:参保异地务工人员	51.20	1.2
参加生育保险	89.71	2.2

数据来源:珠海市社会保险基金管理中心,2015年4月30日。

珠海市社会保险基金管理中心2014年3月24日同时发布的2014年部门项目支出预算表显示:①城镇居民社会养老保险预

---

① 珠海市社会保险基金管理中心,2014年3月24日。

算为600万元；②新农保基础养老金预算为2500万元；③农民和被征地农民养老保险老年津贴为540万元，养老支出仅为3640万元。以86380位离退休人员计算，平均每人年得416.80元。

上述支出不包含医疗支出，社会保险基金2014年实质支出中另有城乡居民基本医疗保险6200万元和医疗保险普通门诊统筹600万元。上述支出也不包括企业军转干部生活困难补助的4600万元，如把这4600万元加上，合计8240万元，平均每人年得也只有953.90元。但社会保险基金管理中心总行政费用5432.5万元，高达26.2%；即该中心管理养老保险金8240万元，政府要另支付2159万元行政费。

珠海市人力资源和社会保障局于2013年已发文表示离休干部的医疗费用可实报实销，新中国成立前参加革命工作的老工人可享受医疗保障（珠人社〔2013〕207号）。固然老年人也可享用城乡居民基本医疗保险和医疗保险普通门诊加起来的6800万元开支，但其所占比例不得而知。

按照2013年珠海市国民经济和社会发展统计公报，2013年度离退休人员基本养老金调整幅度约为20%，全年人均基本养老金达2247元/月。2014年度离退休人员全年人均基本养老金达2613元/月，同比增长16.3%。（赵来忠、刘湘宁、巫建霞、陈京平、孔维巍、李瑛，2013）

三、商业养老保险

商业保险的重疾保险一般过了55周岁就无法购买，且50周岁之前购买需要进行体检，限制较大，但近期不少保险机构都推出了为老年人定制的意外险。例如，平安老年人综合保险（特有猝死、骨折津贴，赠送医疗服务和意外住院垫付服务），阳光孝心99险（燃气意外、个人意外双重赔付），招商信诺医疗险（住院，门诊，体检，牙科，眼科），泰康人寿专保多发的老年人骨折风险。

为进一步加强养老保障工作,提高老年人抵御风险的能力,广东省近期开展了"银龄安康行动"。"银龄安康行动"由省民政厅、省老龄办及中国人寿广东省分公司联合推出,是一项以解决老年人意外伤害保险为目的的公益性工程。实施"银龄安康行动",发挥商业保险在养老保障中的作用,积极应对人口老龄化需要,有利于增加养老保障渠道,减轻政府和个人负担,提高老年人生活质量,具体保费标准、保险金额由各市自行确定。

2014年5月28日,珠海市启动"银龄安康行动"。从2014年5月1日起,珠海市60周岁以上困难老年人(包括"五保"户、城乡低保户老年人)和80周岁以上户籍老年人可享受由政府买单的老年人意外伤害综合保险,最低保费每份10元,保险期限为一年,珠海市老龄办相关负责人表示,截至5月底,珠海市上述人群逾1.6万人。针对政府出资方案,市老龄办目前正在与市其他相关部门进行沟通,将根据珠海市的经济情况选择合理的保险金额,力争到2014年12月参保率达到15%,三年内全市覆盖率力争达到50%以上(《珠海特区报》,2014年5月28日)。

受珠海市民政局委托研究养老产业,进一步了解珠海市商业养老保险的情况,我们先后访问了珠海市保险业协会(面谈)、珠海市平安保险公司(电话访谈)和珠海市中国人寿保险公司(电话访谈)。[①]

保险业协会表示会员公司提供的老年人保险很少,平安和中国人寿有相关业务。

平安养老保险股份有限公司(运营部)负责人张维表示,平安养老的客户群体大多数是单位,不同的单位会根据不同的需要为他们的员工下不同的保单。这些保单种类多样,其中,养老类的保险有一项名为"企业年金"的项目。目前,对于个人的保单,平安养老2014年推出了"养老卡"作为一个意外商业险委

---

① 黄匡忠. 珠海市养老产业研究报告. 北京师范大学—香港浸会大学联合国际学院社会管理研究与服务中心,2014.

托平安人寿发售，受众人群多样化，投保人多为老年人的子女，保额可达10万元。据张女士透露，到目前为止，意外险在珠海乃至广东的反响还算不错，暂时还没有遇到骗取保单的事情，但珠海的保单数量不宜向外提供。

许文（珠海中国人寿综合管理部企业文化岗，员工）表示中国人寿现阶段开展的养老保险种类繁多，其中有一款名为"银龄安康"的老年人意外险，为全市80周岁以上户籍老年人及60周岁以上贫困老年人因磕碰、摔打等造成的各种意外伤害提供一定的费用补偿和医疗津贴，这样可以有效地减轻家庭和个人的负担。此次项目是中国人寿与广东省民政厅、广东省老龄办合作，每位老年人保额为5万元，是珠海市的一项市政工程。到目前为止，中国人寿和珠海市各街道办合作，珠海市政府在各街道办也设立专门的驻点，以方便工作的顺利开展，确保承保到位。原计划受保人数为1.6万，现受保人数已超2.6万，占16万老年人的16.25%，除去政府补贴的1.6万人次，其余人次均为自费保单。中国人寿的相关从业人员赴湖南参观学习，力求把好的经验引入珠海。受访者提到在项目运作的过程中，也有遇到困难和阻碍，流程烦琐、缓慢，影响了项目的效率，希望得到进一步的改善。

四、珠海老年人的可支配资金

商业养老保险方面，在珠海的品种只有"意外险"，市场也非常小。

社会保险方面的覆盖率只有54%，依据珠海市统计局国家统计局珠海调查队（2014年3月2日）的官方数字，全年人均基本养老金达2613元/月。①

---

① 珠海市统计局国家统计局珠海调查队. 2013年珠海市国民经济与社会发展公报，http://www.stats-zh.gov.cn/tjzl/tjgb/201503/t20150317_292166.htm，2015年3月13日。

但城镇居民社会养老保险发放标准是每年每人330元,新农保基础养老金发放标准是每年每人330元,而农民和被征地农民养老保险老年津贴发放标准是每年每人230元,说明大多数离退休人员只领取330元/年,平均27.50元/月。老年人可支配资金量的不足,解释了为什么养老产业在珠海的发展困难重重。

说到底,究竟各种保险的覆盖率占老年人保险收入的多少比例,或反过来说,所有老年人的平均月保险收入有多少、最高与最低收入是多少,以及低于100元的、101～300元的、301～600元的、601～1000元的、1001～1500元的、1500元以上的,等等,各占老年人月收入的多少,始终没有官方数据。珠海市民政部门每年仅公布社会保险金的增加实额,基本不足以反映全部的事实。

第六章
老有所居——珠海养老机构服务

人老了,去养老院住,本也是一条路。但这样的条件能住吗?

居家养老好,但生病了,累坏了家人,怎么办?

一、养老方式

中国传统的养老方式就是家庭养老,也可以扩大为家族养老。所谓家庭养老,就是由子女提供供养经费、生活照顾(包括医疗护理)和精神慰藉的封闭式运作形式。家庭养老在我国可谓源远流长,它是一种建立在中国传统血亲价值和血亲伦理之上的养老方式。它体现了中华民族尊老爱幼的传统美德,与其他养老方式相比,优越性十分明显。一是家庭养老大都采取代际同居或在附近居住的方式,子女可以为父母提供经济支持和生活照顾;二是父母可以力所能及地帮助子女照顾孩子、料理家务,可提高老年人在家庭中的地位;三是老年人与各年龄段的人保持接触,可起到延缓衰老的作用,尤其是老年人与孙辈的交往,能使老年人享受到天伦之乐。但好景不长,因为人口的频繁流动,以及独生子女政策,破坏了家庭养老赖以维系的社会条件。

二、社会养老模式

国家在制定养老政策的时候，划分了机构养老、社区养老和居家养老的模式。居家养老有别于家庭养老，因为居家养老重点在于社会提供对家庭的支持，包括生活照料、家政服务和送医送药上门等系列服务。老年人可以和亲人同住，也可以独立居住。国家也把社会养老政策的目标定为"9073"，即90%的老年人应通过居家养老服务在家中颐养天年，7%在社区照顾下终老，只有3%需要住在养老院度过晚年［《社会养老服务体系建设规划》（2011—2015年）］。

这个政策非常符合中国文化的融合概念，让老不离村、病不离乡。香港是华人社会，但超过60%的老年人都住在敬老院，依靠政府庞大的资助维持，与家人分开。但国家要实现有服务的居家养老，公共开支也是不菲。

1. 居家养老

居家养老就是老年人在家中居住，接受由社区提供的养老服务的一种养老方式。居家养老不同于传统的家庭养老，是兼具家庭养老和机构养老优越性的新型养老方式。

《社会养老服务体系建设规划（2011—2015年）》说明居家养老服务涵盖生活照料、家政服务、康复护理、医疗保健、精神慰藉等，以上门服务为主要形式。

（1）对生活不能自理的高龄、独居、失能等老年人提供家务劳动、家庭保健、辅具配置、送饭上门、无障碍改造、紧急呼叫和安全援助等服务。

（2）对身体状况较好、生活基本能自理的老年人，提供家庭服务、老年食堂、法律服务等服务。

（3）有条件的地方可以探索对居家养老的失能老年人给予专项补贴，鼓励他们配置必要的康复辅具，提高生活自理能力和生活质量。

2. 社区养老

《社会养老服务体系建设规划（2011—2015年）》说明社区养老服务是居家养老服务的重要支撑，具有社区日间照料和居家养老支持两类功能，主要面向是为家庭日间暂时无人或者无力照护的社区老年人提供服务。

3. 机构养老

机构养老主要是指在支付一定费用后，老年人在政府和社会各界开办的养老院、敬老院、护理院等机构和设施中养老。20世纪80年代，为解决人口日益老龄化的问题，由民政系统牵头，陆续开办了包括养老院等在内的多项社会福利事业。市场经济体制改革以后，民办养老机构相继涌现，成为政府养老机构的补充。

近年来，选择机构养老的城市老年人逐渐增多，主要原因如下：①可减轻子女的负担；②可避免代沟冲突；③能减轻老年人家务劳动的压力；④能消除孤独感；⑤能受到健康护理等专业化的服务。这些都是家庭养老难以比拟的。

此外，从生活质量的角度而言，由于这三种养老方式彼此孤立，缺乏相互间的衔接和配套，目前仅能满足老年人吃穿住行、生病看医生等最基本的生存需要，对老年人生活质量的更高层面，如生活满意度、精神生活（文化娱乐）和奉献社会等方面的需求难以顾及。

对于养老服务的目标，我国众多政策文件均有详述。简单而言，"老有所养，老有所医，老有所乐，老有所学，老有所安"，均为社会认同的政策目标。

养老服务要达到各项政策目标，所涉及的措施内容广泛，包括社会保障、住房、医护照料、膳食交通照顾、社交及心理服务等。随着老龄化时代的来临，老年人康复服务及老年人心理健康服务的需求也与日俱增。

珠海市社会养老政策的总体目标是到 2015 年全市老年人享有社会养老基本公共服务,实现 90% 的老年人在社会保障体系和公共服务体系支持下通过家庭照顾养老、6% 由社区提供日间照料和托老服务、4% 由机构养老服务的"9064"格局(珠府办〔2013〕1 号)①。我们先评估珠海在机构养老、社区养老和居家养老三方面是否已经准备好应对老龄化社会的到来。

三、公办养老机构

目前珠海没有设立市级公立养老机构,现有养老服务机构以各级社会福利中心为主、民办养老机构为辅。各个市镇(街道)社会福利机构是全市老年人社会福利机构最重要的组成部分。

1. 区级养老机构

香洲区、金湾区、斗门区的养老机构均为各区的社会福利中心。这些养老机构的投资额并不均等,从 20 万元到 380 万元不等。(见表 6.1)

表 6.1 珠海市区级养老机构设施

机 构 名 称	床位数(张)	员工数(人)	投资额(万元)
香洲区社会福利中心	38	8	20
金湾区社会福利中心	不详	不详	225
斗门区社会福利中心	30	14	388.22

数据来源:珠海市民政局资料《珠海市社会福利设施布局规划(2006—2020)批复成果》。

---

① 珠海市 2013 年制定的规划目标,基本上没有同时设定服务标准。例如社区养老服务或日间照顾,大多各显神通。合乎国家规划标准的日间照料中心于 2016 年才在金湾区落成;居家养老服务更是徒具形式,其投入资金与东莞相比,更是微不足道。

2. 镇（街道）养老机构

珠海市镇（街道）一级的养老机构建设工作一直走在全省前列，也成为全市养老机构的主力军。总体而言，这些镇（街道）一级的养老机构的平均床位数为 47.47 张，平均员工人数为 7.32 人，平均投资额达 202.64 万元。（见表 6.2）

表 6.2　珠海市镇（街道）养老机构设施

机 构 名 称	床位数（张）	员工数（人）	投资额（万元）
前山社会福利中心	105	42	368
湾仔社会福利中心	30	2	64
南屏镇福利中心	52	8	150
唐家湾镇社会福利中心	50	7	150
唐家湾镇唐家敬老院	20	3	70
唐家湾镇淇澳敬老院	30	2	30
三灶镇社会福利中心	30	2	60
红旗镇社会福利中心	42	3	227
平沙镇社会福利中心	55	4	不详
南水镇社会福利中心	36	2	不详
斗门区城南社会福利中心	13	2	70
井岸镇社会福利中心	68	7	380
白蕉镇社会福利中心	44	9	360
白蕉镇六乡社会福利中心	40	5	330
莲洲镇莲溪社会福利中心	40	5	110
莲洲镇横山社会福利中心	41	5	211.89
斗门镇社会福利中心	42	16	120
乾务镇五山社会福利中心	47	4	456
乾务镇社会福利中心	117	9	288
总数	902	139	3850
平均数	47.47	7.32	202.64

数据来源：《珠海市社会福利设施布局规划（2006—2020）批复成果》。

同时，珠海市各镇级社会福利机构的工作人员与服务对象比亟待提升。服务对象、管理人员、医护人员、护理员和工勤人员的比例为40.4：1.33：0.4：6.13：2。在斗门区乾务镇社会福利中心，服务对象高达100位，工作人员却只有13位。而且，只有1/3的机构配备有医护人员，其他10个机构均无医疗队伍。（见表6.3）

表6.3　珠海市镇级社会福利（养老）机构人员编制

机 构 名 称	服务对象	管理人员	医护人员	护理员	工勤人员
香洲区前山街道社会福利中心	118	4	2	30	8
香洲区湾仔街道社会福利中心	1	1	0	2	0
香洲区南屏镇社会福利中心	63	3	1	14	5
金湾区三灶镇社会福利中心	5	1	0	3	0
金湾区沙平镇社会福利中心	21	1	0	2	2
金湾区红旗镇社会福利中心	42	1	0	4	2
斗门区井岸镇社会福利中心	40	1	1	4	0
斗门区斗门镇社会福利中心	38	1	1	5	0
斗门区白蕉镇社会福利中心	79	1	1	7	2
斗门区乾务镇社会福利中心	100	1	0	8	4
斗门区莲洲镇横山社会福利中心	33	1	0	4	1
斗门区莲洲镇莲溪社会福利中心	34	1	0	4	1
高新区唐家社会福利中心	8	1	0	1	0
高新区金鼎社会福利中心	14	1	0	3	0
高栏港区南水镇社会福利中心	10	1	0	1	0
平均人力	40.4	1.33	0.4	6.13	2

数据来源：《珠海市社会福利机构情况统计表》2009年上半年。

3. 公办养老机构支出

珠海市从2007年起，社会福利中心的支出持续增加，表6.4显示大部分福利中心支出持续增长，只有少部分社会福利机构的支出下降。

表6.4　珠海市部分社会福利中心支出统计表

单位：元

机构名称	2007年	2008年	2009年	增长率
香洲区社会福利中心	928480.33	1126198.69	1182212.25	13.1%
香洲湾仔街社区服务中心	112181.3	69900.29	不详	−68.8%
香洲区南屏镇敬老院	697233.31	802747.47	866078.12	11.5%
斗门区社会福利中心	1611084.42	1813734.60	2368758.53	21.6%
斗门区乾务镇敬老院	673905.87	1053603.26	1821805.13	64.6%
斗门区白蕉镇敬老院	644658.69	927847.46	986818.15	25.1%
斗门区井岸镇敬老院	446156.71	375662.56	395036.55	−5.3%
斗门区斗门镇敬老院	307620.29	564829.95	1199118.42	98.0%
斗门区莲洲镇横山敬老院	1116029.50	144778.15	763896.39	170.3%
斗门区莲洲镇莲溪敬老院	120241.02	170117.38	122598.38	6.8%

四、民办养老机构

珠海市的民办养老机构基本上是在2000年以后才建立起来的。截至2014年10月，共有民办养老机构9家，其发展状况如下。

1. 行业规模情况

由于2014年朝晖护老院（湾仔）和朝晖护老院（光明街）

合并,同时爱晖护老院未参与项目调研,故上述两者使用2012年数据,以下涉及巡回服务调研的数据均作此类处理。

10家机构中,独资的8家,股份制1家,合伙制1家。综合规模总体偏小,占地面积5000平方米以上的仅4家。总床位数1320张,其中规模最大的香洲区快乐寿星老年公寓,共拥有200张床位。截至2014年1月,共入住老年人858人。(见表6.5)

表6.5 珠海市民办养老机构基本情况统计(2014)

机 构 名 称	成立时间	机构性质	面积(m²)	床位(张)	入住数(人)	入住率
慈安护老中心	1997.05	独资	2000	160	126	78.75%
博爱护老院(拱北)	1999.08	独资	2000	100	79	79.00%
朝晖护老院(湾仔)	2000.12	独资	1650	80	68	85.00%
爱晖护老院	2002.12	独资	2165	122	110	90.16%
祈康托老中心	2008.12	股份	1465	100	82	82.00%
博爱老年公寓(东坑)	2009.08	独资	6000	100	36	36.00%
国艳护老院	2009.08	独资	1200	100	35	35.00%
快乐寿星老年公寓	2010.12	合伙	10000	200	140	70.00%
朝晖护老院(光明街)	2011.04	独资	6753	178	110	61.80%
乐百年护老中心	2011.10	独资	6000	180	72	40.00%
合计			37583	1320	858	65.00%

数据来源:《UIC珠海市社会福利中心全市养老机构社工巡回服务项目服务调研》。

2. 投资总额

珠海市10家民办养老机构投资总额为4587.74万元。其中投资总额在1000万元以上的仅3家机构,占总数的30%;有5家机构的投资额在200万元以下,占总数的50%。不难发现,机构的资金来源比较单一,大多依靠自筹资金(包括银行贷款),只有个别机构争取到部分社会捐赠。(见表6.6)

表6.6 珠海市民办养老机构投资总额统计

机构名称	自筹资金	社会捐赠	其 他	总额（万元）
慈安护老中心	300	100	0	400
博爱护老院（拱北）	30	0	0	30
朝晖护老院（湾仔）	50	0	0	50
爱晖护老院	80	0	0	80
祈康托老中心	125	2.3	0	127.24
博爱老年公寓（东坑）	600	0	0	600
国艳护老院	100	0	0	100
快乐寿星老年公寓	1000	0.5	0	1000.5
朝晖护老院（光明街）	1200	0	0	1200
乐百年护老中心	1000	0	0	1000
合计	4485	3.3	0	4587.74

3. 服务对象

从调研数据得知，目前民办养老机构的服务对象以女性居多（占55%），非珠海户籍人士占57%，80～89岁占63%，70～79岁占24%，可见民办养老产业重点在于满足高龄老年人的护理需求。（表6.7）

4. 住宿情况与护理需求

民办养老机构的服务对象大部分住宿于双人间，而护理的对象以半护理和全护理为主，绝大部分民办养老机构未提供日托服务。（表6.8）

机构的收费主要包括床位费、护理费和伙食费等，各机构按照设施条件、服务项目等自主确定收费标准。珠海市民办养老机构收费标准差距不大，主要按照老年人的生活自理程度进行不

表6.7 珠海市民办养老机构服务对象统计（2014）

机构名称	性别		户籍		年龄（岁）				
	男	女	本地	外地	≤59	60~69	70~79	80~89	≥90
慈安护老中心	52%	48%	50%	50%	5%	10%	20%	55%	10%
博爱护老院（拱北）	40%	60%	45%	55%	1%	6%	38%	45%	10%
朝晖护老院（湾仔）	—	—	—	—	—	—	—	—	—
爱晖护老院	45%	55%	50%	50%	—	—	—	—	—
祈康托老中心	40%	60%	50%	50%	0%	0%	30%	60%	10%
博爱老年公寓（东坑）	52%	48%	14%	86%	11%	14%	25%	48%	2%
国艳护老院	70%	30%	—	—	5%	6%	0%	84%	5%
快乐寿星老年公寓	30%	70%	80%	20%	—	—	—	—	—
朝晖护老院（光明街）	30%	70%	10%	90%	3%	0%	80%	14%	3%
乐百年护老中心	45%	55%	43%	57%	3%	5%	24%	63%	5%
总计									

数据来源：《UIC珠海市社会福利中心全市养老机构社工巡回服务项目服务调研》。

第六章 老有所居——珠海养老机构服务

表 6.8 珠海市民办养老机构服务内容统计（2014）

机构名称	住宿			护理			日托
	单人间	双人间	多人间	自理	半护理	全护理	
慈安护老中心	√	√	√	20%	13%	67%	—
博爱护老院（拱北）	—	√	√	0%	5%	95%	—
朝晖护老院（湾仔）	—	—	—	—	—	—	—
爱晖护老院	√	√	√	10%	80%	10%	√
祈康托老中心	—	√	√	20%	40%	40%	—
博爱老年公寓（东坑）	—	√	—	14%	72%	14%	—
国艳护老院	√	√	√	30%	40%	30%	√
快乐寿星老年公寓	√	√	√	15%	70%	15%	—
朝晖护老院（光明街）	√	√	√	8%	8%	84%	—
乐百年护老中心							
平均				14.75	41.0	44.25	

数据来源：《UIC 珠海市社会福利中心全市养老机构社工巡回服务项目服务调研》。

同标准的收费。根据表6.9统计显示,自理老年人收费范围为1500～2500元/月,半自理老年人收费范围为1800～3000元/月,完全不能自理和临终期的老年人收费范围为2000～3500元/月。

表6.9 珠海市民办养老机构每月收费统计(2014)

机 构 名 称	自理老年人	半自理老年人	完全不能自理/临终期老年人
慈安护老中心	2000～2300	2300～2600	2300～2900
博爱护老院(拱北)	2400	2500	2600～2700
朝晖护老院(湾仔)	1500	2300	2800
爱晖护老院	1800	1900	2000
祈康托老中心	2100	2300	2500
博爱老年公寓(东坑)	2000	2200	3000
国艳护老院	1600	1800	2200
快乐寿星老年公寓	2100	2800	3200
朝晖护老院(光明街)	2000	2200	3100
乐百年护老中心	2500	3000	3500

5. 机构行政及医护人员编制

统计数据显示,民办养老机构从业人员共394人,包括管理及行政人员、医生、护士、护工和后勤人员等。(见表6.10)

表6.10 珠海市民办养老机构行政管理及人员编制(2014)

机 构 名 称	行政管理及人员编制
慈安护老中心	院长1人;副院长2人;医护办:医生6人,护士15人,护理员35人;办公室:财务1人,会计1人,助理1人;后勤办:司机1人,电工1人,厨房5人,采购1人。总计70人

续上表

机 构 名 称	行政管理及人员编制
博爱护老院（拱北）	院长1人；副院长1人；医生1人；保洁2人，厨房2人；护理员25人；护士3人。总计35人
朝晖护老院（湾仔）	管理及行政人员3人，医生3人，护士3人，护工13人，后勤及其他10人。总计32人
爱晖护老院	管理及行政人员6人，医生1人，护士3人，护工50人，后勤及其他3人。总计63人
祈康托老中心	院长1人；副院长1人；主任1人；主管2人；护理人员10人；后勤：厨房3人，保洁1人，保安1人。总计20人
博爱老年公寓（东坑）	院长1人，副院长1人，医生1人，保洁1人，厨房3人，电工1人，护理人员13人，护士1人。总计人22人
国艳护老院	院长1人；主任1人；医护部：护士1人；后勤部：厨房1人，电工1人；护理部：护理员6人；办公室：会计1人。总计12人
快乐寿星老年公寓	董事会：院长1人；办公室：行政2人；后勤部：保洁2人，厨房4人，保安1人，工程9人；护理部：护理员40人；医务部：医生2人，护士4人。总计65人
朝晖护老院（光明街）	院长1人；院长助理1人；医护人员：医生1人，护士3人；后勤部：保洁1人，厨房3人，电工1人；护理部：护理员25人；营养部：营养师1人。总计37人
乐百年护老中心	董事长1人；院长1人；主任1人；财政部1人；市场部1人，护理21人；后勤部：厨房部4人，保洁1人，保安2人；医务部：医生1人，护士长1人，护士3人。总计38人

数据来源：《UIC珠海市社会福利中心全市养老机构社工巡回服务项目服务调研》。

珠海民办机构护工总数 195 人，与入住老年人的比例是 1∶3.49（见表 6.11），护工与入住老年人比例偏低是由于护工严重不足。由于护工劳动强度较大、工作时间长、工资待遇较低，机构大多通过劳务市场、熟人介绍等方式招聘护工，多为外地 40～50 岁的农村妇女。机构普遍反映护工招聘难、流动性高等，种种现实压力迫使机构无法顾及护工的培训和发展问题，由此造成护工的护理知识和技能缺乏，护理水平难以提升。

表 6.11　珠海市民办养老机构入住老年人与医护人员比例（2014）

机构名称	入住老年人	医生	护士	护工	医护比
慈安护老中心	126	6	15	35	1∶2.25
博爱护老院（拱北）	79	1	3	25	1∶2.7
朝晖护老院（湾仔）	68	1	1	13	1∶4.5
爱晖护老院	110	1	3	50	1∶2.0
祈康托老中心	82	1	3	10	1∶5.9
博爱老年公寓（东坑）	36	1	1	13	1∶2.4
国艳护老院	35	0	4	12	1∶2.2
快乐寿星老年公寓	140	1	3	10	1∶10
朝晖护老院（光明街）	110	1	1	6	1∶13.4
乐百年护老中心	72	1	3	21	1∶2.9
总计	858	14	37	195	1∶3.49

6. 政策落实情况

根据广东省政府出台的《广东省民办社会福利机构管理规定》和珠海市政府出台的《珠海市福利彩票公益金使用管理办法》两个文件，要求给予民办养老机构一些扶持政策，民办养老服务机构享受税收优惠政策，用水、用电、用燃气，按照居民生活类价格收费，入住机构的老年人属珠海户籍的享受床位补贴 600 元/年。调查显示（见表 6.12），所有机构都有享受到政府提供给户籍老年人的床位补贴，享受到免税的优惠待遇，水电费优惠，但在信贷利息、人身意外险、土地使用、通讯费方面则基本没有享受优惠。

表6.12　珠海市民办养老机构政府政策优惠统计（2014）

机构名称	政府补贴	税费	信贷利息	水电费	人身意外险、土地使用、通讯费
慈安护老中心	有	有	无	有	无
博爱护老院（拱北）	有	有	无	有	无
朝晖护老院（湾仔）	有	有	无	有	无
爱晖护老院	有	有	无	有	无
祈康托老中心	有	有	无	有	无
博爱老年公寓（东坑）	有	有	无	有	无
国艳护老院	有	有	无	有	无
快乐寿星老年公寓	有	有	无	有	无
朝晖护老院（光明街）	有	有	无	有	无
乐百年护老中心	有	有	有	有	无

要特别指出的是，目前珠海市公办与民办的养老床位数加起来只有2122张（公办902张，民办1320张）。对照珠海市民政局的数据（表1.4），2012年珠海有117035名老年人，床位比例只有1.8%，明显达不到"9064"的政策目标。而2122张床位中护理床位只有1122张（公办没有，有些老年人不能自理，院方要求自聘一名陪伴人员，多数没有经过训练；民办1320张床位中的85%用于照顾半失能和全失能的老年人）。有护理需要的老年人只能依靠家人。

五、居家养老服务

目前,除了推进社会福利中心、活动中心、敬老院的建设,珠海市也开始大力推动居家养老服务。香洲区在全区范围内开展居家养老服务,并扩大了服务对象范围,提高了服务标准。

2005年底香洲区被广东省民政厅定为居家养老服务示范区,2006年首先在香洲区拱北街道开展居家养老服务试点工作,2007年在香洲区全区推进。香洲区规定,为65周岁以上、生活能自理的香洲区户籍老年人,根据其不同情况,提供无偿、低价居家养老服务:获省级以上劳动模范的老年人,重点优抚对象、低保家庭中65周岁以上老年人,无劳动能力、无生活来源、无法定赡养人的"三无"老年人,等等,可享受无偿服务;65周岁以上香洲区户籍老年人,可享受低价服务。

居家养老服务的内容包括:向服务对象提供老年生活照料、心理慰藉、医疗康复、星光老年之家项目管理等日间照料服务。

同类计划2007年开始在高新区开展,并逐步在其他各区推广。2016年,高新区的做法是把资金分配到各居委会/村委会,各自推行,没有标准做法,特别是没有按照国家政策提供上门服务。

金湾区民政部门坦承每年资金无法有效运用,全区9000多老年人只有数十人使用该居家养老服务资金。2015年,金湾区通过制定政策,把居家养老服务资助额度从每人每月160~260元提高到每人每月565元,分全资助和半资助,才正式打开居家养老正规化、专职化的大门(黄匡忠,2015)。

六、社区养老服务

珠海很多社区将社区养老服务及居家养老服务混为一谈。我们认为,社区养老服务和居家养老服务可以结合推动,但国家是有明显的区分及服务标准的。而居家养老经费不足,是社区养老服务推行不善的致命伤。

2010年11月,在香洲区翠香街道康宁社区开展政府购买社区居家养老服务试点工作。由珠海市邻里互助社康宁社区居家养老服务中心为辖区老年人提供社区服务、紧急援助、日间照料、保健康复、文体活动等服务,不断改进社区养老服务方式,拓展社区养老服务领域,提升社区养老服务能力。2010年末,珠海市已在横琴新区、香洲区、金湾区、斗门区、高新区、高栏港区开展社区养老服务工作。

2011年9月,高栏港区平沙镇开展社区养老服务试点工作,由珠海市慈爱社会服务院承接试点项目。项目开展至今,以"社工+准社工+社区工作者+义工"的服务模式,为美平社区老年人建立了信息档案数据库,为社区老年人提供上门服务、电话访问、个案辅导等服务1万余人次,开展各类小组活动80余次,开展社区活动40余次。

正规的社区养老服务,是香洲区于2012年6月以政府购买社会组织社会服务的形式面向社会公开招标,开展老年人日托服务试点项目。共有5家民办养老机构承接了该区2012年度的日托养老服务工作,为服务对象提供午餐、午休、主题小组活动、康复治疗、心理辅导等服务项目(见表6.13)。2012年6月至2013年6月,共为服务对象提供无偿、低价日托服务近8万人次。目前,该项目服务对象已覆盖香洲区各镇街。

以香洲区的日托服务项目为例来看,其具体详情根据可用的财力资源,按区域人口结构布局合理、老年人覆盖率较高的原则,采取定额定量方式确定服务范围和服务人数。在新香洲、旧香洲、拱北和吉大、南屏和湾仔、前山等五个片区,确定5个社会组织作为服务承接机构。2012年计划为约400名老年人提供日托服务,其中,新香洲片区服务对象150名,拱北和吉大片区服务对象100名,旧香洲片区、南屏和湾仔片区、前山片区服务对象各50名。

表6.13 香洲区民政局购买日托服务项目明细（2012）

项目	任务量			具体描述
	150人	100人	50人	
午餐				根据服务对象人数提供午餐，午餐必须保质保量
午休床位	30个	20个	10个	根据服务对象人数提供一定床位供老年人午休
星光老年之家				提供电视欣赏、书报阅读、健身康复等服务
健康讲座	4次	2次	1次	邀请嘉宾开展健康讲座，如常见病防治讲座、老年人养生讲座等
主题小组活动	12次	6次	4次	为老年人开展书画交流、戏剧表演等主题小组活动
康复治疗	4次	2次	1次	邀请康复理疗专家到机构坐诊，每次至少为10位老年人提供服务
心理治疗	4次	2次	1次	邀请专业心理咨询专家，每次至少10位老年人提供服务
宣传培训	2次	2次	2次	对员工进行培训，提高员工的综合素质
其他拓展项目				在合同中另行约定

按每人每天18元计算服务价格，年度服务时间共计234天（除去国家法定节假日），其中A类对象的服务费用由购买主体全额承担，B类对象的服务费用由购买主体与服务对象按2∶1的比例承担（即政府支付12元，个人自付6元）。

按照服务对象规模分为三档购买价格。一是服务对象为150名的，定价约为42.12万元；二是服务对象为100名的，定价约为28.08万元;三是服务对象为50名的,定价约为14.04万元。本年度购买总价约为112.32万元。具体购买价格按最终服务人次计算(服务承接机构为一名服务对象提供一次日间服务为一人次),不得突破规定的服务对象人数。

香洲区的社区养老服务,可以说是开珠海市的先河,可惜的是负责推行的社会组织专业知识不足,也没有按照国家标准建立日间照料中心,因此与珠三角其他城市相比,难以显示成效。

2015年,金湾区正式成立了两个由社工机构管理的日间照料中心,珠海市的社区养老服务才走上正轨。

七、总结

珠海机构、社区及居家养老服务的概况如下:

(1)珠海机构养老的床位数包括公办902张、民办1320张,共2122张。珠海老年人口2010年统计为11万人,估计每年增长10%,2015年达16万人。珠海市政府的社会养老政策总体目标为"9064",即应提供4%的机构养老床位(6400张),目前远远达不到目标。

(2)民办养老机构入住率只有64%;公办养老机构除了前山、井岸外,大部分敬老院不对社会开放,入住率较民办养老机构为低,出现大量的资源浪费。

(3)公办养老机构设计为健康老年人宿舍,不符合护理服务的要求。老年人不愿意入住养老机构,不能简单理解为传统文化观念所致,公办养老机构服务不达标也是原因之一。

(4)民办机构入住率低存在老年人消费能力不足的原因,但也因为政府监管力度不足,导致市民对这些机构的服务水平没有信心。

(5)社区养老服务与广东其他发达地区相比严重落后,香洲区2012年只服务了400名老年人;而以民办机构承办日托,缺乏社工队伍,对老年人的社会心理健康服务不足。

（6）珠海计划在香洲（南屏）及高栏港（平沙）建两家社区日间照料中心，但还未投入使用。

（7）居家养老服务全市推行，但资助标准低，使用率非常低。

（8）2012年原定于南屏建立居家养老示范中心，后认为地点不合适而重新选址。珠海市福利中心建立居家养老示范中心，已于2014年12月启用，其成效有待评估。

第七章
怎么看养老——金湾的老年人有话说

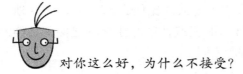

对你这么好,为什么不接受?

社会服务提供者总认为我们提供的是老年人需要的,但老年人反应冷淡。一些人放弃了,一些人会研究服务对象怎么使用服务。需求是动态的,必须有引发使用的亮点,所以公共服务也需要营销。

金湾区提供免费的居家养老服务。令人费解的是,到了 2014 年,全区约 1 万名 60 周岁以上的老年人口,只有 72 人接受过服务。如何解析?

一、珠海金湾区老年人口概况

按金湾区民政局提供的资料,2014 年底,金湾区户籍老年人有 9021 人,其中,红旗镇 5384 人,三灶镇 3637 人;但各村居委会登记上来的户籍老年人口合计只有近 8000 人。

我们要指出,户籍老年人口与实际老年人口可能有差距。一是很多外来务工人员在珠海工作时间长了,或成家生子,便会把家里的老人接来,他们的人数并没有记录;二是一些家庭在珠海买房,让长辈在珠海过冬,也没有记录。这些老年人甚至有些已住进敬老院。

但在户籍上的老年人,也不一定在本地居住。我们在社区调查的过程中发现,很多户籍上的老年人只是挂名在一些企业或国营单位宿舍,人不住在这里,如广安、藤山、金海岸有上述情况且比较突出,可能有30%～40%的户籍名单不实。所以不能仅依靠名单人数来提供服务。但各村委,如海澄、矿山、三灶社区,提供的老年人数字比较准确。

而金湾区还在急速发展,西城社区建成后至少可以容纳十几万人。目前购房者中本地人与外地人的比例为37:63,而外地户口中39%为老年人。估计届时西城社区的社会阶层特别是经济基础与金湾区原居民会有所不同。

二、金湾区老年人口的地域分布

根据珠海市金湾区民政局提供的户籍老年人资料,现金湾区老年人口分布如下:60～69岁的老年人有5103人,占老年人口的65.3%;70～79岁的老年人有1704人,占老年人口的21.8%;80岁以上的高龄老年人1006人,占老年人口的12.9%。(见表7.1、表7.2)

表7.1 金湾区老年人口地域与年龄分布(N = 7813)

单位:人

地域	60～64岁	65～69岁	70～74岁	75～79岁	80岁以上	合计
金海岸	369	237	117	68	53	844
三灶社区	176	177	97	50	101	601
鱼林村	108	95	31	25	72	331
海澄村	267	168	92	64	161	752
草堂湾	59	34	6	10	22	131
鱼月	115	97	38	26	78	354

续上表

地域	60～64岁	65～69岁	70～74岁	75～79岁	80岁以上	合计
中心	125	83	36	23	53	320
广安社区	183	119	64	38	46	450
藤山社区	254	148	98	72	44	616
矿山社区	212	84	59	43	60	458
三板村	80	53	27	23	36	219
三板社区	354	150	96	32	24	656
湖东社区	139	54	33	14	22	262
小林社区	59	37	35	23	11	165
八一社区	227	64	25	12	18	346
大林社区	206	49	42	36	36	369
小林村	135	77	30	51	61	354
广发村	66	44	30	15	36	191
广益村	57	27	22	29	31	166
沙脊村	72	43	42	30	41	228
三灶合计	1219	891	417	266	540	3333
红旗合计	2044	949	603	418	466	4480
金湾区总计	3263	1840	1020	684	1006	7813

表7.2　金湾区老年人口各年龄段所占的比例（N=7813）

年龄（岁）	人数（人）	比例
60～64	3263	41.8%
65～69	1840	23.5%
70～74	1020	13.0%

续上表

年龄（岁）	人数（人）	比 例
75～79	684	8.8%
80 以上	1006	12.9%
总计	7813	100%

三、金湾区老年人的经济能力

金湾区老年人所享受的退休保障有很大差异。城市（镇）里有些退休干部或企业管理人员享受较佳保障；在乡村如沙脊村、三板村，大多数老年人只有新农保；但在国有农场退休的，如矿山村，保障又多一些。可见，金湾区老年人的经济能力差距很大。

按照 2013 年珠海市国民经济和社会发展统计公报，2013 年度离退休人员基本养老金调整幅度约为 20%，全年人均基本养老金达 2247 元/月（珠海市统计局国家统计局珠海调查队，2014 年 3 月 28 日）。2014 年，珠海平均养老金达 2613 元/月。

但有资格领取城镇职工基本养老金的职工实际人数只占全市 8 万多离退休人员的少数。城镇居民社会养老保险发放标准是每月每人 330 元，新农保基础养老金发放标准是每月每人 330 元，而农民和被征地农民养老保险老年津贴发放标准是每月每人 230 元，大多数农村老年人领取的基础保险金就只有每月 330 元。如果城镇居民有参保的，个人部分加起来会有 500～1000 元。城镇居民有职工退休金的会达到平均每人每月 2613 元。但金湾区 9021 名老年人的每月收入分布如何？由于老年人都不想把家庭收入告知他人，所以目前无法得到一个准确的数据。

四、金湾区居家养老服务的困局

2011年,金湾区根据《珠海市推进居家养老服务工作指导意见》(珠民〔2011〕7号)精神,结合地区实际,制定了城乡居家养老服务工作方案。其工作目标旨在到2015年,金湾区居家养老服务网络基本建立,居家养老服务设施有所改善,专业化服务队伍初步建立,志愿者服务队伍逐步壮大,老年人的基本养老服务需求得到初步满足;各镇逐步建立起集入户服务、日间托老、送餐服务、康复保健、信息支援等服务功能于一体的居家养老服务机构。令金湾区民政局困惑的是,到了2014年,全区只有72人接受过养老服务。

金湾区工作方案预期至"十二五"末,全区依托福利机构、村级组织活动场所等现有设施资源,普及综合性老年服务中心(站),基本建立多形式、全覆盖的居家养老服务网络,建立政府为特殊老年人购买服务、其他老年人自费购买服务、服务机构提供服务、中介组织监督评估的新型服务模式,使市场化运行机制更加完善,政府购买居家养老服务不断增加,不同层次的居家养老服务需求得到满足。

金湾区2011年工作方案指明居家养老服务补助对象为居住在该区范围内、具有金湾区户籍的老年人,主要包括分散供养的"三无"老年人、"五保"老年人、重度残疾老年人、重点优抚老年人,低收入的高龄、独居、失能等特殊群体老年人。享受补助的条件及标准如下:

(1)60岁以上享受低保待遇的介护(生活不能自理)老年人,60岁以上分散供养的"三无"老年人、"五保"老年人,补助标准每人每月260元。

(2)60岁以上仅与残疾子女共同居住的介护困难老年人,60岁以上曾获市级以上劳动模范荣誉称号的独居老年人或介护老年人,70岁以上独居或仅与残疾子女共同居住的特困老年人,补助标准每人每月 200 元。

（3）60 岁以上一级重度残疾人，补助标准每人每月 160 元。

（4）70 岁以上享受重点优抚待遇或享受低保的老年人，补助标准每人每月 160 元。

（5）由区居家养老领导小组核定的其他老年人，补助标准另行核定。

民政部门资料显示，2014 年三灶镇全镇居家养老的老年人共有 38 人，其中海澄村 15 人，鱼月村 7 人，中心村和三灶社区各 6 人，草堂湾社区 2 人，鱼林村和金海岸社区各为 1 人。政府出资购买服务，共有 18 名社会服务人员应征，采取一对一、一对多的方式，上门为这 38 名老年人提供生活照料、医疗保健、精神慰藉、体育健身、文化娱乐等方面的服务，每次酬金为 40 元。按照老年人弱势程度的不同，三灶镇有 7 名老年人每月享受服务补助 260 元，有 12 名老年人每月享受服务补助 200 元，有 19 名老年人每月享受服务补助 160 元。民政部门把居家养老专项资金划拨到该镇，该镇视实际情况，将居家养老专项资金划拨到各村居委会。社会服务人员上门服务后，接受服务的老年人要签名确认，然后还要交给所在村居委会有关负责人签名再确认，每月底结算支付服务费。截至 2014 年 4 月 30 日，鱼月村结余 18620 元，鱼林村结余 23100 元，中心村超支 2290 元，海澄村结余 11000 元，金海岸社区结余 5280 元，三灶社区结余 13600 元，草堂湾社区结余 11240 元。七个村居结余共计 80550 元。三灶镇居家养老专项资金还存有 202921.80 元。可见居家养老专项资金确有大量盈余。

资料也显示三灶镇 2014 年共有 20 名居家养老工作人员，每月服务人次 198 次，平均每人 9.9 次。红旗镇共有 15 名居家养老工作人员，每月服务人次 105 次，平均每人 7 次。

居家养老服务的需求为何没有预期的殷切，也是金湾区民政局委托我校进行此项大规模的社区调查研究的主要课题之一。金湾区民政局担心当区政府进一步推出社区养老服务如日间照料中心,包括一些有偿服务等,是否有老年人愿意付费参与,使社区养老服务能持续经营。社会养老服务体系主要由居家养老、社区养老和机构养老等三个有机部分组成,牵一发而动全身,所以金湾区民政局也需要同时了解老年人在何等情况下才会入住敬老院,接受机构养老的服务。

五、居家养老焦点访谈

我们在二十个居民点当中随机选取了四个地点组织焦点访谈,四个社区居民点为广安、海澄、八一及三灶。

被邀请参加焦点访谈的对象包括当地老年人、社区工作人员、接受居家养老服务的老年人、从事居家养老照顾的服务人员,以及当地的社会工作人员(不论是否负责推行居家养老服务),亦有金湾区民政局的工作人员。焦点访谈于 2014 年 12 月中旬展开,至 2015 年 1 月上旬结束。每次访谈的参加人数为 8~10 人。

焦点访谈的主要目的,一是了解为何金湾区民政局为区内老年人提供居家养老服务,却极少有老年人愿意使用这项优惠服务;二是了解老年人是否愿意接受社区养老服务,包括助餐和助浴;三是了解老年人是否愿意入住敬老院,或在什么情况下会考虑入住敬老院。

1. 居家养老服务的需求

海澄村老年人人口集中,高龄老年人也不少,当被问及是否需要居家养老服务时,纷纷表示"没有需要",但老年人的一句"不需要"背后的真正意义是什么呢?是真的没有需要,还是不想麻烦别人,或是希望坚持独立照顾自己,只要"行得,走得"都不想求人?这也是中国传统文化当中老年人保护自我尊严的一种方式吧。

村委会或居委会工作人员认为居家养老服务实际上有很大的需求,但由于申请的范围和条件限制太严,故很少老年人能合乎资格。她们倾向于放宽享受居家养老服务的条件，例如放宽至60岁以上有疾病或残疾的老年人，而不仅限于低保户或80岁以上的老年人。

有社区工作人员表示，由于现时担任居家养老服务的人员并没有得到任何培训，只能提供一般性清洁卫生及陪伴的服务，基本上现行的居家服务都没有安排助浴、洗头等生活照料的内容。一些老年人甚至认为家务也不要人帮忙，居家照顾服务人员只是定期前往探望，老年人视他们为朋友。

居家照顾服务人员也称不上专职化，更遑论专业化。例如，海澄村有六七个老年人接受居家养老服务，只有一个服务员负责探望两个老年人，每周1次，每人每次的报酬仅为40元，这样的收入根本不能达到"兼职"的标准。三灶社区有六七位老年人接受服务，全交由一名服务员负责，这才勉强可以视之为一份"兼职"的低薪工作。

三灶社区的焦点访谈中，我们询问了老年人对助浴的看法，他们都表示除非自己完全不能自理，否则都不会让护工助浴。参与访谈的老年人当中有些配偶是因中风而瘫痪的，只有依赖配偶或子女助浴。可见老年人的尊严感很强，不到万不得已是不愿接受助浴服务的。

服务的内容单一，服务的工作人员非专职化，是居家养老服务被受众认为可有可无的原因，更似是邻里之间的关爱而非"刚需"的服务。

2. 用餐服务的需求

在焦点访谈中，很多老年人都表示仍要照顾家庭，甚至午餐、晚餐都要买菜做饭。例如三灶社区，该区的小学并不设立饭堂，所以学生都要回家吃饭。老年人能够分担家庭责任，令他们的生活更为充实，亦让他们觉得老有所用；在广安社区，同样有很多老年人中午仍要做饭；在海澄村，老年人则一般在家里准备简单午餐。

第七章 怎么看养老——金湾的老年人有话说

那么是否需要设立社区饭堂呢？在广安社区的焦点访谈中，较多老年人认为应有社区饭堂，其水平可参考各大专院校饭堂。他们甚至建议区内一些公共机关或民营企业可以开放员工饭堂，让他们得到较纯商业的餐厅的更为平价的午饭。

广安社区的老年人家庭组合较为多样化，有与子女孙辈同住的老年人，亦有不少与配偶居住或单独居住的老年人，所以对社区饭堂的需求较大。三灶社区则因为小学没有饭堂而令老年人纵使偶尔不想做饭，也要令"幼有所吃"。三灶社区及其他乡村设立社区饭堂则要面对很多不稳定的风险，餐价太高老年人负担不起，菜品太单调又缺乏吸引力，地域太广、服务半径大，又让距离饭堂较远的老年人难以前往午餐，送餐又需要有运送交通工具及相关成本。因此社区饭堂可能只适宜在广安等人口相对集中及交通便利的地区试行。

至于午餐的价格，各区老年人的接受程度有所不同。广安社区能接受 8～10 元一餐的价格，其他乡村只能接受 5 元或以下的价格。

3. 社交中心的需求

三灶社区的焦点访谈中，多位老年人都强调缺乏社交场所，他们甚至提出要将北街已停止运作的幼儿园改为老年人活动中心。这可能是因为在三灶的城市设计中缺乏公园及绿化场所。只有居委会旁的一个小公园，而北街、南街等是老城区，街道狭窄。三灶镇上一些旧房的居住环境亦十分恶劣。老年人在一天之中有部分时间能外出溜达，三五成群聊天解闷，但街道狭窄又不便倾谈，便要求设立老年人社交中心。

其实在三灶居委会不远处已设立了一个社区中心，下午亦开放给老年人使用，并有社工进驻。可能该社区中心已离开了老年人的"生活圈"，所以老年人不知道它的存在。也因为老年人的地域观念比较强，认为南街要一个中心，北街也要一个中心。三灶社区的确需要一个老年人社交活动场地，应通过加强现有社区中心的服务内容，吸引老年人前往参加活动，无须再建另一个老年人社交中心。

广安社区的老年人活动场所，相对而言有较多的选择。广安文化中心前有一个大型社区广场公园，园内有老干部活动中心，居委办事处亦有老年人活动室。

海澄村已有农村社工服务，但海澄各自然村均为迁地新建村居，整齐雅致，通道宽阔。但老年人若要到居委会参加活动，需要步行15～20分钟，所以很多老年人都三五成群地在街头巷尾串门，组成了很多非正式的社交场所。现有的社工服务场地虽可满足老年人社交要求，但老年人若没有辅助交通，也难以前往参加活动；同时，该场地在三楼，也是老年人参加活动的障碍之一。所以海澄村必须考虑更为实质的社区服务，如生活照料、医疗及康复。

其他乡村，如八一、三板、沙脊，老年人分散住在田野鱼塘之间，对老年人社交中心的需求并不强烈。

4. 日间照料中心的需求

在八一村焦点访谈中，一位老年人对这个问题作出了一个非常理性的评价，他说日间照料中心是一种新鲜事物，可能需要研究一下才能说老年人需要或不需要此项服务。日间照料中心主要的服务内容为护理、康复及生活照料，如剪甲、助浴等。正如上文所说，老年人是否愿意接受护工助浴呢？如果日间照料中心没有生活照料、护理及康复的服务，只提供午餐及托管服务，老年人及其家人又是否对这种简单的日托服务有强烈的需求呢？当然在考虑设立日间照料中心的时候，我们也要考虑其他社区设施所提供的现有服务。例如，八一居委会就有社区卫生所，亦有康复站，加设日间照料中心是否属于重复建设、浪费资源。又如，康复站只有设备，没有康复师长期驻守，亦形同虚设。所以在社区层面必须全面整合资源，包括卫计、养老及康复资源，才能达到最大的效益。

5. 日托服务的需求

日托服务似乎是所有焦点访谈都认为有需要的服务,即使是老年人照顾者,也需要能短暂减负或称其为"喘息"的时候。也有老年人认为当自己生病而子女必须工作又不放心留老年人单独在家的时候,日托服务便是最佳的安排。其实很多社区居委会都在改善居家养老服务的计划中,提出增加日托服务的建议,一些社区也不缺场地,只是欠缺受训的人员来承担老年人日托的服务。

6. 敬老院的需求

谈到老年人是否愿意入住敬老院,广安社区焦点访谈中一名外省来珠海长期居住的老年人表达了一个有趣的观察。她认为外省来的老年人都愿意入住敬老院,但本地的广东老年人由于子女在身边,都不愿意入住敬老院。这也是中国传统文化中的"面子"问题,子女也不愿意将长辈送到敬老院,因为这表示自己没能力照顾长辈,也未尽孝道。这位老年人指出,在南屏敬老院,60%~70%的入住者为外地人。

广安社区及八一村的本地老年人则认为本地老年人不是不愿意入住敬老院。如果有一天不能自理,便会入住,而不会躺在家中。但这种说法仍是把机构养老视作一种万不得已的后备方案,也没有考虑敬老院的生活是否更为愉快、健康,服务是否更为专业。

很多老年人也直接指出现有的公办敬老院档次太低,服务及卫生条件不达标,令他们望门兴叹。广安社区及八一村的老年人均表示有亲人需要入住敬老院,却奔南屏的民办养老机构去了。总体而言,公办敬老院水平必须改善,向社会开放但收费相对要比民办敬老院便宜。

7. 焦点访谈的总结

焦点访谈反映出目前居家养老服务内容单一，作用不大，必须提高水平，加强专业化和专职化，提高服务员补贴。很多意见反映了对日间托老和社区饭堂的需求，但由于对日间照料中心不了解，参与者能提供的具体意见不多；老年人表示身体功能退化时会入住敬老院，但现有敬老院的服务水平达不到他们的要求，收费也高了些。

六、社区问卷调查及结果

金湾区社会养老服务需求大型社区调查于 2014 年 12 月中旬正式展开，于 2015 年 1 月下旬结束，接近七个星期。抽样框架以户籍老年人为目标，有效问卷 542 份。红旗镇及三灶镇被访者数目分别是 288 人和 254 人。

接卷调查的 542 名被访者中，260 名为男性，280 名女性（由于被访者家中可能有超过一位老年人居住，所以调查最后获得 799 名老年人的资料）。他们当中，60 岁以下的共 59 人，占 10.9%，即大部分被访者为 60 岁及以上的老年人；60～69 岁的被访者有 289 人，占 53.3%；70～79 岁有 115 人，占 21.2%；而 80 岁以上的老年人有 71 人，占 13.1%。被访者绝大部分是金湾区户籍，外来的老年人只有 13 人，占 2.5%。

家庭收入方面，有 109 人表示月收入在 2000 元以下，占 20.8%；另有 165 人的收入只有 2001～4000 元，占 31.5%。即有一半的家庭收入在 4000 元以下。（见表 7.3）

值得庆幸的是他们住房方面的负担较轻，租房住的只有 4 人，需要分期付款的也只有 9 人。（见表 7.4）当然，很多被访者不愿意披露家庭收入，所以有关收入的数字应被低估了。

表7.3 家庭每月总收入（N=542，没有回答=18）

家庭每月总收入	人数（人）	比例	累计比例
2000元或以下	109	20.8%	20.8%
2001～4000元	165	31.5%	52.3%
4001～6000元	126	24.0%	76.3%
6001～8000元	71	13.5%	89.9%
8000元以上	53	10.1%	100.0%
总计	524	100.0%	

表7.4 住房性质（N=542，没有回答=48）

住房性质	人数（人）	比例	累计比例
租用	4	0.8%	0.8%
购买或自建	412	83.4%	84.2%
分期	9	1.8%	86.0%
其他	69	14.0%	100.0%
总计	494	100.0%	

799名老年人中，80岁以上的有113人，占15.5%；70岁以下的有417人，占57.4%；而70～79岁的老年人有197人，占27.1%。（见表7.5）

表7.5 老年人年龄（N=799，没有回答=72）

年 龄	人数（人）	比例	累计比例
60～64岁	227	31.2%	31.2%
65～69岁	190	26.2%	57.4%
70～74岁	114	15.7%	73.1%
75～79岁	83	11.4%	84.5%
80岁以上	113	15.5%	100.0%
总计	727	100.0%	

老年人退休前 76.1% 为普工或农民，背景十分单一。企管和机关干部占 14.2%。（见表 7.6）

表 7.6　老年人退休前的工作（N=799，没有回答=68）

职　业	人数（人）	比　例	累计比例
机关干部	68	9.3%	9.3%
企管	36	4.9%	14.2%
普工或农民	556	76.1%	90.3%
自雇	16	2.2%	92.5%
无工作	55	7.5%	100.0%
总计	731	100.0%	

老年人中 73.6% 已婚及与配偶同住，配偶已死亡的占 21.9%。（表 7.7）

表 7.7　老年人婚姻状况（N=799，没有回答=65）

婚姻状况	人数（人）	比　例	累计比例
与配偶同住	540	73.6%	73.6%
已分居	18	2.4%	76.0%
未婚	10	1.4%	77.4%
配偶死亡	161	21.9%	99.3%
离婚	5	0.7%	100.0%
总计	734	100.0%	

老年人中有 11 人无子女，占 1.5%，另有 2 人子女已死亡，值得我们关注。83 人有一名子女，288 人有两名子女，分别占 11.4% 和 39.6%（表 7.8）。

表 7.8　老年人者子女人数（N=799，没有回答=72）

子女人数	人数（人）	比　例	累计比例
没有	11	1.5%	1.5%
一人	83	11.4%	12.9%

续上表

子女人数	人数（人）	比 例	累计比例
二人	288	39.6%	52.5%
三人或以上	343	47.2%	99.7%
已死亡	2	0.3%	100.0%
总计	727	100.0%	

老年人中有 53 人独自居住，占 7.3%；与配偶居住的有 215 人，占 29.5%。这种夫妻共同居住的群体也是社会服务需要关注的对象之一，因为只要其中一人生病或失去部分自理能力，便必须完全倚赖配偶了，这些家庭的社交支持网络显得薄弱。

老年人与子女同住的有 258 人，占 35.4%。子女对长辈的支持相对而言较配偶为高。家庭中有高龄父母的共 20 人。（表 7.9）

表 7.9 老年人同住状况（N=799，没有回答=70）

同住状况	人数（人）	比 例	累计比例
独居	53	7.3%	7.3%
与配偶同住	215	29.5%	36.8%
配偶和父母	6	0.8%	37.6%
配偶、子女和父母	2	0.3%	37.9%
配偶和子女	172	23.6%	61.5%
与父母同住	10	1.3%	62.8%
与父母、子女同住	2	0.3%	63.1%
与子女同住	258	35.4%	98.5%
与其他亲人同住	11	1.5%	100.0%
总计	729	100.0%	

老年人中有 114 人表示曾患上心脏病，47 人有糖尿病，272 人有肝病，32 人有哮喘或肺结核，比例分别是 15%、6%、36%、4%。表示患有两种或以上疾病的还有 53 人，这一群体应是慢性疾

病的高危族群，占6.9%，没有作答的有32人。（表7.10）

表7.10 慢性病（N=799，没有回答=32，可选多项）

慢 性 病	人数（人）	比 例
心脏病，心血管疾病	114	15%
糖尿病	47	6%
肝病	272	36%
哮喘，肺结核	32	4%
腰肩关节痛	9	1%
没有慢性病	293	38%

上述数字中糖尿病患者的人数较低，可能是老年人没有注意。而肝病主要受肝炎的影响，相信卫计部门应有更准确的数据。有293位老年人（占38%）认为他们没有慢性病。

老年人中表示曾患癌症的有11人，只有2%；曾患中风的有46人，占7%；曾患严重肾病的有9人，占1%；患有其他疾病的人数较多，有114人，占16%；表示自己从未患上重大疾病的有518人，占74%；曾患超过一种重大危疾的有4人。（见表7.11）

表7.11 曾患有重大危疾的老年人（N=799，没有回答=101）

重 大 危 疾	人数（人）	比 例
癌症	11	2%
中风	46	7%
肾衰竭	9	1%
其他	114	16%
未患上重大疾病	518	74%

综合大病及慢性病的资料分析，曾患上重大疾病的老年人占被访者的24.5%，接近1/4。无论从生理上还是心理上，他们都

是医务社会工作的重要对象。而且患有中风的老年人及其家人，都要担心中风再次突发，尤其畏惧病发时没有家人在身边难以应急，整日活在惶恐之中。

患有肾病的老年人虽然只有1%，但这些病人可能要经常洗肾，对家人的经济压力也十分巨大。

患有癌症的老年人比率偏低，可能是老年人没有进行全面检查的意识，致使发现癌症之后的存活率不高，值得进行跟进研究。

1. 老年人的自理情况

当考虑老年人是否能够自理时，问卷设计了三种测试方式。

第一种方式是了解老年人是否需要长期卧床，即以卧床作为需要生活照料的指标。

问卷资料显示只有21人需要长期卧床，占2.9%（表7.12）。若依据国家规定的养老计划比例即"9073"，2.9%可以说是已经接近了。若估计金湾区有10000名老年人，则有290名老年人需长期卧床。这一数字是指仍留在家中的老年人的数字，若将已入住敬老院的老年人都计算在内，该比例则应超过2.9%，但金湾区目前没有护理整合标准的养老床位。

表7.12 老年人要长期卧床（N=799，没有回答=73）

是否需卧床	人数（人）	比 例	累 计 比 例
需要	21	2.9%	2.9%
无需	705	97.1%	100%
总计	726	100.0%	

第二种方式是了解老年人生活能否自理。表7.13显示老年人当中不能自行洗衣、打扫卫生、做饭、买菜、看病的有2.3%～3.2%，平均值约为3%。即推论金湾区若有10000名老年人，则

有 300 人需要家务助理的服务。2014 年全区只有 70 人使用过该服务，比例明显偏低。老年人当中不能自行上厕所、穿衣、吃饭、吃药、洗澡的比例为 1.0%～1.5%，平均为 1.25%，换言之，金湾区每 10000 名老年人中有 125 人需要生活照料。

表 7.13　不能自理的比例（N=799）

老年人不能自理的项目	人　数	比　例
上厕所	10	1.3%
穿衣	10	1.3%
吃饭	9	1.1%
吃药	8	1.0%
洗澡	12	1.5%
洗衣	20	2.6%
打扫卫生	23	2.9%
做饭	25	3.2%
买菜、购物	24	3.1%
看病、复诊	18	2.3%

　　上述数字又较长期卧床的比例为低（生活不能自理者为平均 1.25%，长期卧床 2.9%），这说明一些长期卧床的老年人还是坚持自己吃饭、吃药等活动，不愿意全部由他人照顾。

　　所有老年人当中，共有 51 人（占 6.4%）需要使用助行器，也反映出一定的康复服务与物理治疗服务的需求。

　　当老年人生病需接受诊治时，他们需要协助的比例大为提高，达 15.0%，若没有家人的协助，他们便不能早日获得治疗。所以其病发时的家务助理服务是十分有必要的。买菜、购物也特别需要协助，占 10.1%。因为老年人虽然仍有生活自理能力，但外出购物也有种种难题要克服，不是一个只能走动的老年人所能应付的，公益代购服务可能是值得推动的项目。其他方面需要协助项目的比例由 3.0% 至 7.4% 不等。可见，家务助理的需求应有 5% 以上的平均数，即 10000 人中有 500 人需要家务助理或生活照料。（见表 7.14）

表 7.14　生活需要协助的比例（N=799）

老年人需要协助的项目	人　数	比　例
上厕所	39	5%
穿衣	39	5%
吃饭	32	4.0%
吃药	24	3.0%
洗澡	33	4.1%
洗衣	48	6.0%
打扫卫生	53	6.6%
做饭	59	7.4%
买菜、购物	81	10.1%
看病、复诊	120	15.0%

第三种方式是以生活自理能力共 10 项（包括自己上厕所、穿衣、吃饭、吃药、洗澡、洗衣、打扫卫生、做饭、买菜购物、看病复诊等），凡完全能自理的计 1 分，需要协助的计 2 分，完全倚赖的计 3 分。总分 10 分可视为完全自理，11～15 分为需要一些协助，16～22 分为需要家务助理，22～30 分为需要生活照料，按总分统计其比例如下。（表 7.15）

表 7.15 老年人综合自理能力分级 （N=799，没有回答=24）

分 级	人数（人）	比 例
完全自理	642	82.8%
需要一些协助	97	12.5%
需要家务助理	19	2.5%
需要生活照料	17	2.2%

总结上述三种推算方法，我们认为以第三种即 10 项自理能力总分分级别推算较为精确，即老年人口中有 2.2% 完全不能自理（见表 7.16）。他们必须长期倚赖家人照顾，造成照顾者巨大的生活压力。他们都需要政府援手，他们的家人也有意愿支付部分费用，当然，机构养老也是协助他们解决困境的一种方案。

表 7.16 不同预测方式的结果 （N=799）

方 式	比 例
以长期卧床推测	2.9%
以 10 项自理能力表示完全倚赖之平均值推测	1.25%
以综合 10 项自理能力总分推测	2.2%

至于居家养老服务的需要，综合计算老年人自理能力也为此提供了需求细分的基础。有 2.5% 的老年人需要每天的家务助理，而 12.5% 的老年人需要隔天为主不定期的家务助理（见表 7.17）。在设计服务时可分为每天 1 小时、隔天 1 小时及每周 1 次三种，再加上在特别情况下的预约服务，如陪同购物或看病等。若以 10000 名老年人为单位，那么不同服务的需求及财政预算设想如表 7.17 所示，即为 1330 名老年人提供居家养老服务需要 952.2 万元（见表 7.18）。

表7.17 生活需要协助的比例（N=799）

项 目	完全自理	比例	需要协助	比例	完全倚赖	比例	没有回答
上厕所	746	95%	29	3.7%	10	1.3%	14
穿衣	752	95.9%	22	2.8%	10	1.3%	15
吃饭	700	75.5%	14	1.5%	9	1.0%	76
吃药	695	75%	20	2.0%	8	0.9%	76
洗澡	688	74.2%	21	2.3%	14	1.5%	76
洗衣	671	72.5%	27	2.9%	23	2.5%	78
打扫卫生	740	93%	32	3.7%	27	3.3%	0
做饭	734	92.4%	36	4.2%	29	3.4%	0
买菜、购物	712	91.9%	58	5.4%	29	2.7%	0
看病、复诊	675	85.3%	103	12.2%	23	2.5%	0

表7.18 居家养老服务需求及预算（以10000名老年人计算）

服务内容	需求及预算
家务助理服务	（12.5%＋2.2%）×（平均3天1次=10次）×1小时×（25元/小时）×12个月=4410000元/年
生活照料服务	2.2%×（平均2天1次=15次）×1小时×（40元/小时）×12个月=1584000元/年
康复服务	（12.5%＋2.2%）×（平均每7天1次=4次）×1小时×（50元/小时）×12个月=3528000元/年
合计	9522000元/年

被访者中，低保、城市"三无"、残疾人及优抚对象总比例为10.7%，加上离休干部和劳动模范，共16.6%，所以现行政策仅限于上述人群，导致大部分有需要的人却无资格使用。

在老年人药物开支方面,376 人(占 48.4%)开支在 50 元以下,218 人药物开支为 51~100 元,占 28.1%;开支在 101~300 元区间的占 7.3%,301~500 元区间的占 4.8%,在 501 元以上的还有 11.1%(见表 7.19)。昂贵的医药费对这些老年人及其家庭造成沉重的负担。

表7.19 医药费每月开支(N=799,没有回答=25)

每月医药费用	人数(人)	比 例	累 计 比 例
≤50 元	376	48.6%	48.6%
51~100 元	218	28.2%	76.8%
101~300 元	57	7.3%	84.1%
301~500 元	37	4.8%	88.9%
>500 元	86	11.1%	100%
总计	774	100.0%	

当被访者被问及最担心的养老问题时,201 人(占 39.7%)表示最担心经济问题;担心老年人没有照顾,生活不能自理的共有 112 人,占 22.4%,为数也不少;担心老年人孤独没人说话的有 17 人,仅 3.4%。可见被访者考虑问题比较现实,社会心理需要不是他们最上心的课题。但亦有 113 名被访者表示没有担心的问题,可见他们的生活较为安稳且经济上亦颇安定,占老年人口的 22.6%。

再参考需要协助的老年人,特别是洗衣、打扫卫生、做饭、买菜购物等协助事项,如其家人需外出工作导致无法照料,则有家政服务的需求。

2. 被访者对服务内容及收费的意见

被访者认为居家养老服务应包括家政服务的有 276 人,认为应提供送餐服务的有 61 人,认为应提供购物服务的有 64 人,其他服务有 11 人;而 241 人认为没有这方面的需要。(见表 7.20)

第七章 怎么看养老——金湾的老年人有话说

表7.20 居家养老上门服务内容（N=542，可选多项）

服务内容	人数（人）
家政服务	276
送餐服务	61
购物服务	64
其他服务	11
以上都不需要	241

对于家务助理服务的收费水平，178人可接受每小时10元或以下，占34%；能接受每小时20元的有36人，占6.9%，每小时30元的有18人能接受，占3.4%，甚至有4人能接受每小时40元或以上。不愿花钱的共288人，占55.0%。愿意付出一些费用的有接近一半的老年人，可能比我们想象的要多；但他们也不希望费用太高。所以居家养老服务必须以公益性质为主。（见表7.21）

表7.21 家务助理收费接受度（N=542，没有回答=18）

收费标准	人数（人）	比例	累计比例
每小时10元	178	34.0%	34.0%
每小时20元	36	6.8%	40.8%
每小时30元	18	3.4%	44.2%
每小时40元	4	0.8%	45.0%
不愿意花钱	288	55.0%	100.0%
总计	524	100.0%	

事实上有半数的家庭可以自行照顾老年人，281名被访者（占54.7%）认为他们可以自行照料而无须协助；余下的半数被

访者中,70人认为晚上家人可以照顾,但白天需要有人代为照顾,占13.6%;另有36人认为只需要上门服务;最突出的是有119人(占23.2%)表示日夜照顾老年人都有困难,但因为经济问题而被迫将老年人留在家中,白天很可能老年人是独自一人的;还有8位老年人已被送往机构养老。(见表7.22)

若金湾区的老年人口总数为10000人,那么需要日间托老的有1360人。而家人日夜都无法照顾的更多达2320人。所以养老服务的需求,是受到服务质量欠佳及老年人消费能力不足等问题而被压抑,潜在需求远远高于实际的使用。

表7.22 目前的养老模式(N=542,没有回答=28)

养老模式	人数(人)	比例
家庭可以照顾,无须帮助	281	54.7%
家人日夜可以照顾但需要上门服务	36	7.0%
晚上家人可以照顾但白天需要协助	70	13.6%
家人难以照顾,但经济能力有限,老年人只能住在家中	119	23.2%
家里老年人已入住敬老院	8	1.6%
总计	514	100.0%

被问及是否需要家务助理时,28人认为日间有需要(占5.3%),6人认为夜间有需要(占1.1%),25人认为日夜都有需要(占4.7%),合共59人,即11.1%(与前文以综合自理能力总分推算的11.1%一致)。此外,认为有时有需要的还有50人(占9.4%),他们要求的是非定期服务(见表7.23)。因此,若金湾老年人口有10000人,需要居家养老服务的约为1110人。

表7.23 需要家务助理（N=542，没有回答=9）

家务助理	人数（人）	比例	累计比例
不需要	424	79.5%	79.5%
日间需要	28	5.3%	84.8%
夜间需要	6	1.1%	85.9%
日夜都需要	25	4.7%	90.6%
有时需要	50	9.4%	100.0%
总计	533	100.0%	

居家服务包括送餐，那餐费收多少才可以接受呢？291人（占59.1%）认为在5元或以下，116人（占23.6%）可接受6~8元，65人（占13.2%）可接受9~12元，接受高于12元一餐的只有20人，约4.1%（见表7.24）。2016年，一般食堂估计一顿午餐的成本为10~12元，因此，社区食堂若要吸引老年人使用，便需补贴每人每餐3~5元。

表7.24 餐费接受度（N=542，没有回答=50）

餐费	人数（人）	比例	累计比例
1~5元	291	59.1%	59.1%
6~8元	116	23.6%	82.7%
9~12元	65	13.2%	95.9%
13~15元	8	1.6%	97.5%
16元以上	12	2.5%	100.0%
总计	492	100.0	100.0

居家服务应与医疗康复等服务相结合。被访者中只有148人认为无须医疗保健服务。所以老年人对保健服务有巨大的需求。275名被访者认为需要健康指导服务，225人认为需要护理服务，130人认为需要康复服务，12人认为需要其他服务（见表7.25）。

表 7.25　医疗保健服务内容（N=524，可选多项）

服 务 内 容	人数（人）
保健咨询，指导	275
护理，上门打针	225
康复服务，改善失能	130
其他	12
以上都不需要	148

至于医疗保健服务收费的接受程度，被访者中，285 人（占 58.0%）只能接受每次 5 元或以下；121 人（占 24.7%）能接受 6～8 元；56 人（占 11.4%）能接受 9～12 元；能接受 13 元或以上的只有 29 人，占 5.9%（见表 7.26）。

表 7.26　医疗服务收费接受度（N=542，没有回答=51）

收费接受度	人数（人）	比 例	累 计 比 例
5 元以下	285	58.0%	58.0%
6～8 元	121	24.7%	82.7%
9～12 元	56	11.4%	94.1%
13～15 元	9	1.8%	95.9%
16 元以上	20	4.1%	100.0%
总计	491	100.0%	

被访者是否知道现有的居家养老服务呢？466 人（占 87.4%）表示知道，可见老年人十分关心与自己利益息息相关的政策（67 人即 12.6% 表示不知道，9 人没有回答）。但知道现有居家养老服务的 466 人当中，只有 15 人表示曾使用该服务，199 人表示从未使用该服务，252 人则没有回答此问题。在如何改善现有服务的问题上，被访者的意见颇为零散，放宽限制、降低收费、提供日托、增强护理、扩大宣传等都有人认同，没有主流的方向，尤其因为目前全区只有 70 人使用过该服务，被访者绝少

第七章 怎么看养老——金湾的老年人有话说

可能是服务使用者，因此他们的意见是缺乏亲身认识的。

反而当被问及是否会使用社区日间托老服务时，大家的意见便十分具体。252人（占49.2%）认为不会使用，说明他们有家人照顾，需求不大；200人（占39.1%）表示会使用；另有60人（占11.7%）表示会视收费而定。由此可见，社区老年人对日托是十分需要的。（见表7.27）

表7.27 会否使用社区日托（N=542，没有回答=30）

社区日托	人数（人）	比例	累计比例
会使用	200	39.1%	39.1%
不会使用	252	49.2%	88.3%
视收费而定	60	11.7%	100.0%
总计	512	100.0%	

日托收费方面，356人（占75.3%）可接受每天10元或以下，67人（占14.1%）可接受11～15元一天，33人（占7.0%）可接受16～25元一天，超过25元的则只有17人能接受了。（见表7.28）

表7.28 日托收费接受程度（N=542，没有回答=69）

收费接受度	人数（人）	比例	累计比例
10元以下	356	75.3%	75.3%
11～15元	67	14.1%	89.4%
16～25元	33	7.0%	96.4%
26～40元	9	1.9%	98.3%
40元以上	8	1.7%	100.0%
总计	473	100.0%	

老年人日托应有些什么服务内容？认为只需要简单照顾便好的有344人（占63.5%）。香港一位资深老年人工作者将此比喻为"泊车"服务，即家人只是将老年人交来中心托管，没有注

意老年人的身心需要。但其他老年人有较高的期望,认为需要提供生活照料的有 135 人,提供护理服务的有 200 人,提供社交服务的有 201 人,提供预防性精神退化服务的亦有 133 人。可见日间照料中心若缺乏多元化服务,将难以吸引老年人使用(见表 7.29)。

表7.29　老年人日托服务内容(N=542,可选多项)

日托服务内容	人数（人）
简单活动,照顾安全	344
个人照料,喂饭洗浴	135
医疗护理,康复保健	200
社交学习,娱乐文化	201
预防退化,精神健康	133

3. 老年人是否愿意入住敬老院

被访者中的大部分老年人表示没有意愿入住敬老院,共 420 人,占 81.2%,25 人没有回答。被访者中有意愿的占 18.8%。其中,9 人认为晚上可以住敬老院,白天在家;64 人愿意入住公办敬老院,10 人认为可以入住民办敬老院,14 人认为公办、民办敬老院都可以,合计 97 人。这与珠海市计划的"9064"有很大差距,表示老年人对机构养老的需求,可能被低估。

在什么情况下老年人会愿意入住敬老院呢?资料显示,若只为让家庭增加收入而让家中老年人入住敬老院,只有 31.9% 的被访者表示同意,是三种情况下同意率最低的,可见中国传统文化中的敬老爱老精神仍然存在,家庭决策并不单以利益因素来考虑。若是子女因工作关系无法照顾,被访者的接受程度有所提高,同意率达到 42.1%。但在老年人不能自理的情况下,同意度最高,达到 50.0%,即半数被访者均表示同意。(见表 7.30)

表 7.30 愿意入住敬老院的情景（N＝542，可多选）

情　况	同意入住人数	比　例
如老年人不能自理	271	50.0%
子女因工作不能照顾	228	42.1%
如能增加家庭收入	173	31.9%

金湾区的地理及文化环境特殊，一方面经济日渐起飞，另一方面城镇化程度仍处于初级阶段。即使人口相对集中的地区如广安、藤山、三灶镇等，实质上仍属20世纪80年代到2000年兴建的旧城镇。旧城镇的社区人情关系仍然十分浓厚，不像深圳等拔地而起的都市，传统社区已荡然无存。

金湾区的老龄化程度较香洲区为高，但它的特色是外来人口少，再加上地域广阔，所以金湾区的老龄化是本地的，甚至是乡土的老龄化。例如，矿山、海澄等村的老年人口多是实实在在生于斯、老于斯的本地人，或定居超过30年的老居民，而不是外来人员带来的父母，所以有一种特别不愿意离开乡土的文化诉求。假如我们将养老院设在远离自然村的市镇，对老年人而言是一种痛苦，他们是极不情愿的。

因此，我们应考虑在兴建镇中心敬老院的同时，容许"微型"或"嵌入型"社区敬老院的开办。微型敬老院的床位应不多于50张，可以在乡村或城镇老区开办，由社会组织或社工机构承办。

4. 问卷调查重点结果

这次研究通过表格抽样进行，收集了799位老年人的情况，应具有代表性。

（1）高龄老年人数目偏高。80岁以上老年人占12.9%，如以金湾区9021名老年人计算，高龄老年人数约为1164人。珠海市规划机构养老床位仅供4%的高龄老年人使用。目前，金湾区只有小林福利中心有 120 张老年人床位，区福利中心有 120 张床位，三灶福利中心还在建，明显供不应求。即使高龄老年人还能居家养老，居家康复护理服务也不可少。

（2）由于金湾区老年人家庭每月收入超过 8000 元的只有 10.1%，所以养老机构应属公益性质，商业高端养老是否有市场，还要作进一步调查。

（3）老年人总数 799 人当中，在家务方面需要协助和完全不能自理的老年人，按服务内容比例从高至低依次为：看病、复诊（15.4%），买菜、购物（10.4%），做饭（7.6%），打扫卫生（6.7%）和洗衣服（5.2%）（见表 7.14）。目前是他们的家人在协助，但养老家政服务可释放这些劳动力；以不能做饭和打扫卫生为标杆即 7% 来推算，金湾区 9021 名老年人中应有 631 人需要有人协助家政服务。

（4）需要康复或生活照料的有 2.1%～2.5%，以金湾区 9021 名老年人计算，即 189～226 人需要生活照料。表 7.14 显示 799 位老年人当中，生活照料需要协助和完全不能自理的老年人，按服务内容比例从高至低依次为：上厕所（5%），穿衣（5%），洗澡（4.2%），吃饭（4.1%）和吃药（3.3%）。以不能洗澡和吃饭为标杆或 4% 来推算，9021 名老年人中应有 360 人需要有人协助生活照料，所以成立社区养老日间照料中心是最符合经济原则和最有效率的；部分居住在偏远地区又需要生活照料的老年人，则要由经过训练的生活起居照顾人员上门服务。

（5）完全不需要协助的老年人也有 54.7%，白天需要协助的占 13.6%（见表 7.22），金湾区 9021 位老年人中即有 1227 人需要日间托老服务；若以表 5.31 的被访者意见为参考，即有 39.1% 或 3527 名老年人会使用日间托老服务，形成巨大的需求。日间照料中心只能满足部分日间托老的需求，因此可以建立村委会/居委会层面的社区养老服务站，提供文娱康乐及日间托老服务。

（6）只有 41% 的老年人没有慢性疾病，其他 59% 的老年人中，114 人表示曾患上心脏病，47 人有糖尿病，272 人有肝病，32 人有哮喘或肺病（见表 7.10）。表 7.11 显示曾患中风的老年人有 7%，癌症 2%，肾衰竭 1.0%。所以证明社区养老服务必须与医疗、护理和康复服务相结合。

七、金湾区居家养老工作方案

有些人认为调查老年人的意愿很困难，因为他们是否使用养老服务，会受到收费和人际关系的影响。但本研究也探索了很多老年人身体状况的客观指标，对养老服务策划有重要意义。

金湾区民政局按照研究结果，提出 2015—2017 年要大幅提高居家养老服务补助，具有本区户籍且常住的年满 60 周岁的老年人，按以下不同条件可享受政府全额和半额补助的居家养老服务。

1. 全额补助对象

（1）60 周岁及以上的特困人员（按国务院 2014 年 5 月 1 日起施行的《社会救助暂行办法》确定）。

（2）60 周岁及以上孤老优扶对象、烈属及重点优扶对象中的失能、半失能老年人（由区民政局认定）。

（3）60 周岁及以上低保老年人，以及经济困难家庭中的独居或失能、半失能老年人（低保家庭中的老年人按珠海市低保政策规定认定；经济困难家庭老年人是指有一定的经济收入，但因治疗疾病的支出，导致其实际生活水平相当于低保或处于低保边缘的老年人）。

（4）70 周岁及以上的计生特扶老年人（由区卫生局认定，是指独生子女伤残或死亡后未再生育或未收养子女的 70 周岁以上的老年人）。

（5）60 周岁及以上曾获市级以上劳动模范等荣誉称号的独居老年人或失能、半失能老年人。

（6）95周岁及以上老年人。

2. 半额补助对象

（1）60周岁及以上重度残疾（持有一级《残疾人证》）的老年人。

（2）70周岁及以上的独居老年人或仅与残疾子女共同居住的失能、半失能老年人。

（3）80周岁及以上的失能或半失能老年人（经市内三甲医疗机构评估，照料等级为重度或中度的老年人）。

（4）符合上述条件但已入住公办福利机构的老年人，如已享受机构养老优惠的，不再享受政府居家养老服务补助经费。

3. 自费购买服务对象

除政府购买服务对象外，有经济支付能力且有服务需求的其他老年人，自行选择服务项目并支付服务费用，由居家养老服务机构提供服务人员。

第八章
老有所食——珠海老年食品与餐饮业

一、老年就餐难急需解决

家庭规模小型化、老年人家庭空巢化趋势明显,独居老年人数量增幅较大,离退休人员社区养老达到高峰值,迫切需要便利、实惠的老年餐饮满足他们一日三餐的日常饮食需要。

在调查老年人需要哪些适合自己的商品时,其中,健康食品占31%,速冻点心占20%,易开罐头占7%,适合老年人咀嚼的口香糖占5%。调查老年人对现在的老年用品市场是否满足时,回答满足或比较满足的占11%,不满足的占89%。餐饮市场对于老年人的需求并没有特殊考虑,难以满足老年人的日常餐饮需求,"老年就餐难"的问题已经成为城市特别是大城市普遍存在的问题(王真,2011)。

据了解,老年餐饮业在全国来说是个空白。作为一个美食大国,我国却很少有老年餐厅的出现,而养老院中的老年餐厅也只是一些营养搭配不尽合理的老年食堂。老年人行动不便,渴望出现真正的老年餐馆,吃饭方便,符合自己的口味和身体状况,也能注意营养搭配。根据《2012—2016年中国绿色食品市场供需预测及投资战略咨询报告》,74.1%的老年人认为现今的市场上适合老年人食用的专用食品不是很多,可见如今市场上的老年专用食品还无法满足老年人对食品的消费需求。

二、食品、保健品产业单一化

我国的老年食品市场有三大类,第一类以传统中医理论、药用植物为卖点,第二类以现代营养学理论把各类营养物质加工合成,第三类产品通过生物转化进行制造,都是保健品,其功效难以证明。资料显示,目前我国与保健品相关的健康产业年产值近6000亿元人民币。业内人士称,到2015年,我国保健品市场的规模将超过美国成为全球第一。保健类食品所针对的对象以老年人为主。(刘军,王正义,2014)

让人费解的是,有这么多的保健类食品厂家,品种却少得可怜,多是生产核桃粉、奶粉一类。面向老年市场、易消化、能滋补、有疗效的特色食物太少。除了一些蛋糕类食品,很少有企业根据老年人牙齿疏松等情况,贴近老年人的生理实际去生产细致的适龄食品。老年食品的包装材质也很少根据老年人的特点进行人性化设计,例如,老年人喜欢吃桃、苹果罐头,但玻璃罐头的瓶盖老年人多不能自行打开,只能放弃美食。(刘军,王正义,2014)

三、饮食营养有待提高

据资料显示,在老年人疾病保健开支中,有近30%用于治疗由于不合理饮食而发生的有关疾病。养老机构中的老年人的平均年龄在77岁左右,是营养不良的危险人群,国内有报道老年人营养不良发生率达到33.3%(首届全国养老机构膳食与营养学术研讨会,2013)。

上海市第三社会福利院沈雅对卧床老年人进行相关营养状况评估后,指出必须为高龄老年人制定完善的个体化饮食方案,才能适应老年人的各种需求。苏州市社会福利院张陆指出,必须以科学的态度管理常规膳食,以科学的方法制作特殊饮食,以科学

第八章 老有所吃——珠海老年食品与餐饮业

的眼光对待中医药膳，以科学的智慧管理智能膳食，养老机构服务对象膳食管理科学化、智能化建设是各机构必须重视的一项重要任务。北京市第一社会福利院曹苏娟指出，老年人通过合理膳食，不仅有利于减少疾病，促进健康，延缓衰老，还有助于创建和谐社会。南京市点将台社会福利院孙毅、洪仁中指出，用食物交换份法来安排糖尿病老年人的一日三餐，不仅可以控制血糖，同时对血脂、体脂量控制也有一定帮助，能有效改善老年人肥胖问题，有利于减少或延缓并发症，延长老年人的寿命。

养老机构的营养工作科学化、标准化管理具有积极的意义。而保障和提高入住老年人的营养状况，促进老年人的健康，让老年人安享晚年，是每一个养老工作者的职责所在。

四、爱心面包，万语千言

珠海老年餐饮业可以说是一片空白。关怀老年人的一日三餐，已成为公众服务的议题。

值得一提的是珠海市妇联牵头的"爱心面包"赠送活动，于2010年4月开展，当时主要面对困难家庭较集中的康宁社区。当时居住在康宁社区和吉莲社区有需要的困难家庭，其中大部分是老年人，每月可向街道办或居委会申请，按审批通过的名单派发相应份数的"爱心面包券"，珠海市妇联将安排志愿者每天前往捐助单位领取捐助的面包，以保障居民每天都可凭券在慈善超市领取到 爱心面包。

爱心面包由珠海市妇联联系到的爱心企业捐赠，由于资源有限，为了使更多的人受益，该活动还特别限定一人连续申请不得超过两个月，其中，单亲特困母亲家庭享有优先权。这也反映了慈善活动的局限，不能持久地对有需要的贫困市民提供帮助。但该项目到2014年还在不同地区推行，可见有很大的需求。

国外和中国香港地区也有食物银行（Food Bank）的慈善活动，成都有企业家建的"家庭爱心厨房"（《成都商报》2012年

3月15日),厦门翔安区内厝镇莲塘村有企业家自己掏钱开办"老年人之家"(《福建日报》2014年5月13日),珠海也有慈善组织为贫困者送饭,如香洲区慈缘纯公益中心的助贫送饭团队(周锡武,2014)。

但这和青岛相比较,就显得力度不足了。慈善助老是2014年青岛市慈善总会的重点工作之一。青岛市慈善总会助老大食堂项目计划出资90万元善款为市内三区六家社区老年食堂购置厨具、餐桌、餐椅等设备设施,缓解食堂运作的经费压力,解决社区老年人就餐难的问题。社区食堂可容纳30余名老年人同时就餐,前来就餐的老年人只需支付10元的午餐费用,即可享受每份价值15元的午餐。该食堂为无劳动能力、无生活来源、无法定赡养人的"三无"老年人和80岁以上低保且独居的老年人提供免费午餐服务,腿脚不便的老年人还可以享受送餐服务。(《青岛日报》2014年11月4日)

五、居家服务要解决老年人吃饭问题

在珠海,居家养老服务可能有助于解决老年人吃饭问题。

早在2010年,珠海市民政局发表了《珠海市推进居家养老服务工作实施意见(征求意见稿)》,服务内容的第一项便是生活照料服务,说明为"老年人提供日托、购物、配餐、送餐、家政服务等一般照料和陪护等特殊照料的服务"。

珠海市首个社区居家养老服务站、联合国际学院参与创建的康宁社区邻里互助服务中心于2011年进行试运营,该社区共有30多名70岁以上的老年人可免费享受由政府买单的居家养老服务。(《南方都市报》2011年3月1日)

2011年1月,珠海市民政局出台了《珠海市推进居家养老服务工作指导意见》,为符合条件的对象提供居家养老服务。珠海市福彩公益金预算资助102.6万元,300名符合条件的对象享受了居家养老上门服务或日托服务。2012年,香洲区根据《香洲区民政局2012年度购买居家养老日托服务实施方案》（珠香民〔2012〕17号），确定了5家具备资质的社会组织承接居家养老日托服务，服务的老年人包括新香洲片区老年人150名，拱北和吉大片区100名，旧香洲片区50名，南屏和湾仔片区50名，前山片区50名。中标的主要是民办敬老院，没有社工机构。到2013年5月31日，共有144447人次享受居家养老日托服务，支出经费175.991万元。2013年6月，该项工作下放镇街，预付日托服务经费345053.50元，合计支出日托经费2104963元（香洲区民政局统计数据，2013年12月27日）。

  2011年，梅华街道首先聘请专业社工为社区老年人提供居家养老服务（珠海新闻网，2011年4月13日）。

  据珠海市民政局提供的资料，2012年1—8月，全市共为580名老年人提供无偿、低价居家养老上门服务和日托服务约4.3万人次。截至2010年底，珠海常住人口1562530人，其中，60周岁及以上常住人口119771人，占7.7%；60周岁及以上常住人口中，80周岁及以上的老年人14313人，占11.95%。老年人中健康的占33.8%；比较健康的占39.2%；不太健康，但生活能自理的占24.3%；生活不能自理的仅占2.7%。（珠海统计局统计数据，2013年1月28日）

  如果政策目标是为80岁及以上老年人提供居家养老或日托服务，现在仅有580名服务对象，仅相当于老年人口的4%；若退而求其次，政策目标是为生活不能自理的老年人提供居家养老服务，现在接受服务的也只有失能老年人的18%，远远不能满足需求。

  2014年，珠海市福彩公益金预算资助200万元，建设10～15个服务点，应有社工机构参与（珠海市民政局，2014年3月13日）。计划实施两年，仍依靠老年人自行前来服务点领餐，不能做到送餐上门，希望居家养老体系能照顾老年人午餐的人数会得到提高。

六、优先发展老年社区饭堂

应将老年餐饮视为一项公共服务事业,各地财政、税务、工商、质检、卫生、市政、交管等部门应高度重视这一重大的民生工程。因此,在餐饮发展规划中应明确老年餐饮的建设规划,并将其纳入城市社区网点建设规划。政府协同社区管理部门、房地产开发商、行业协会等有关单位做好社区发展整体规划,为老年餐饮发展提供合理的场所。(王真,2011)

建议珠海市政府资助老年人社区饭堂。例如,为80岁以上及困难老年人每人每天补贴5元一顿午饭,一年开支为:16000人×5元×365天=2920万元(见表1.4)。

珠海是宜居城市,应让老年人也分享一片蓝天。

(1)应优先兴建老年人社区饭堂。

(2)资助居家养老服务,派护工从社区饭堂向附近有需要的老年人送餐。

(3)推动无公害农业,并为老年人提供低价农副产品。

(4)鼓励企业生产老年食品。

(5)推广营养知识,为养老机构提供营养师服务。

民以食为天。

第九章
老有所助——珠海养老家政服务业

付钱，能请到人吗？请到人，能照料老年人吗？子女都揪心。

一、家政服务业近年发展概况

一个国家进入老龄化，并不意味着对家政服务马上有很大的需求。但老年人的空巢化和高龄化导致他们不能由家人照顾，才是家政服务需求上升的主要原因，所以居家护老具有滞后性。

随着我国家庭日趋小型化，家庭养老功能逐步弱化，人们生活水平的不断提高，使人们对社会养老服务功能的强化和养老服务形式的多样化提出了新的要求。根据中国老龄委员会中国老龄科学研究中心的报告，2007年全国城市老年人空巢家庭的比例已经达到49.7%，与2000年相比提高了7.7个百分点。中级以上的大中城市的调查显示，老年人的空巢家庭比例已经达到56.1%，与发达国家70%～80%的比例相比，我国老年人空巢比例持续增加的趋势将是不可逆转的。

清华—布鲁金斯公共政策研究中心推算，到2050年时，半数中国人的年龄可能不低于50岁。联合国的一份报告则显示，到2049年，中国60岁以上的老年人将占总人口的31%，老龄化程度仅次于欧洲。这预示着，从现在开始到未来的20～30年间,中国将是世界上人口老龄化速度最快的国家之一。

二、失能老年人需要照顾

与此同时,中国老龄科学研究中心的"全国城乡失能老年人状况研究"显示:在我国,60岁以上老年人的平均剩余寿命中,约有2/3的时期处于"带病生存"状态。城乡部分失能和完全失能老年人口约3300万,其中完全失能老年人1080万人;预计到2015年,部分失能和完全失能老年人将达4000万。这对我国的长期照护服务系统提出了严峻挑战。

国家统计局研究指出,85%以上的老年人有享受居家养老的意愿,而选择住养老院等养老机构养老的只占5%～8%。

三、护老家政服务严重短缺

根据调查,我国城市中48.5%的老年人有各种各样现实的养老服务需求,其中需要家政服务的占25%,需要护理服务的占18%,需要聊天解闷儿的占13.79%(大庆家政服务中心,2013)。目前我国城市居家养老家政服务需求总的满足率却只有15.9%。全国老龄办副主任吴玉韶介绍,全国老年家政服务人员超过2万人,但需求量约为1000万人,缺口巨大,专业化服务队伍的欠缺已引起全社会关注。北京市政协公布的调研报告显示,预计未来5年,北京将有47万名老年人需要护理型照顾,其中大部分人只能居家接受护理。我国城市居家养老、家政服务和护理服务两项2007年的潜在市场规模已经超过700亿元,2010年增加到1300亿元,到2020年将超过5000亿元。

四、珠海家政服务业现况

为全面了解珠海市家政服务业的状况,剖析当前家政服务业面临的主要问题，促进珠海市家政服务业的健康发展，国家统计局珠海调查队对珠海市的家政服务行业状况作了专门调研。

20世纪90年代中后期开始，随着社会经济的快速发展，富裕起来的人越来越多，同时，生活节奏不断加快，人们对家政服务的需求量越来越大，需求的服务种类也越来越多，对服务质量的要求也逐步提高，家政服务行业开始出现具备技术性的服务内容，如育儿、营养、护理、家教等。

经过10多年的发展，家政服务公司目前已经具备了相当的规模和层次，有社会团体、企业、个体开办的家政服务机构，街道、居委会开办的社区家政服务机构等几种模式。

但由于珠海市对家政服务公司注册的要求相对较低，导致目前家政服务公司的经营规模普遍较小，经营方式较为粗放，规模化、专业化、品牌化的家庭服务产业尚未形成，整个行业显示出小、散、弱的局面。

大多数家政服务中介机构只是提供简单的介绍工作服务，从中收取保姆和雇主两头200～400元的中介费，没有任何后期管理。家政员的工资由中介提供导向意见，再由雇主与家政员协商后，雇主直接支付。各企业各自为政，没有形成规模化的发展局面。同时，大多数家庭服务项目缺乏明确的等级标准和服务质量规范，在服务行为、服务规范、服务价格等方面无章可循，随意性大。

家政服务供求双方、家政服务中介公司与家政员和用人家庭的责权利不明确，有的服务协议不规范，有的不要求签订服务协议，导致双方权益保障没有依据，家政员与用人家庭发生纠纷争议难以处理，在服务中的意外伤害得不到医疗保障，家政从业人员缺乏归属感，行业吸引就业的潜力大打折扣。

针对珠海的现状，国家统计局珠海调查队建议家政行业发展应以促进劳动者就业和满足用户需求、提升服务质量为宗旨，以政府扶持和典型示范为引导。家政服务公司的管理模式应改为雇用制，打造家政服务品牌，走专业化、市场化、社会化道路。

随着人们对家政服务行业越来越重视，家政服务业从业人员的工资水平也水涨船高。国家统计局珠海调查队抽样调查资料显示，目前保姆的月工资为1800～3000元不等，月嫂工资也从早几年的2500元/月涨到现在的4500元左右（见表9.1）。据珠海某家政服务公司介绍，普通月嫂月工资为4300元，五星级月嫂5000元，特星级月嫂月工资为5500元。珠海另一家大型家政服务公司的月嫂工资则更高，分为5000元、7000元、8000元几种。

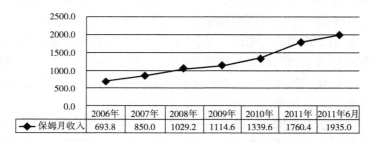

图9.1 2006—2012年6月保姆平均月收入

数据来源：国家统计局珠海调查队，2013年。

钟点工每小时收费也在20～30元之间。国家统计局珠海调查队调查显示，2006年，钟点工每小时收费仅为10元，到2012年6月，已上涨到30元/小时。

家政服务行业的工资上涨，一方面是保障了家政从业人员的基本生活，但从另一方面看，则已超出离退休人士甚至其子女的负担能力。

国家统计局资料显示：有6000万老年人不与子女同住但是靠子女赡养。有养老金的老年人城乡合计只有老年人口的1/5，农村有养老金的人士只有4%。反而言之，4/5的老年人是靠子女，甚至还要靠自己去工作来养老。保姆工资太高，家人聘请不起，对老年人生活照料依赖于家庭照顾者，对家庭的压力有增无减。

第九章 老有所助——珠海养老家政服务业

五、老年人照顾者的专职化

目前,我国80周岁以上的老龄人口每年以8%的速度增长,残疾人竟高达6000万~8000万人。我们亟须将照顾老年人和残疾人的任务从家庭中释放出来,交由私人雇佣保姆或公立机构护工来分担。然而,家政服务的供求结构矛盾凸显,一方面是市场需求量日益增长,另一方面是从业人员素质堪忧,高端人才缺乏,愿当保姆的人越来越少。

珠海目前绝大多家政从业人员来自广西、湖南等省,文化程度普遍不高。从业人员多为外来女性务工人员和城市下岗女工,中小学文化水平者占多数。她们的家务水平与达标要求和用户的期望有较大的差异,高档家用电器和器具不会使用,对老年人也缺乏必需的护理知识。

珠海家政服务业的培训活动,主要依靠政府主导的相关部门,如香洲区人力资源中心、妇联等,而市场化的培训机构和家政服务公司自身开展的业务培训活动很少,高端服务技能培训更为短缺,难以满足市场高层次、专业化、精细化的需求,发展后劲明显不足。

香洲区人力资源服务中心开设的月子护理、老年人护理等培训课程,服务内容日益扩展,由单纯的家务保姆发展到老年人陪护、看护婴幼儿、病人护理等。

根据生活自理程度的不同,居家养老服务对象分为两种:能自理和不能自理,并据此确定居家养老服务的内容:

(1) 生活护理。对于能自理的老年人,提供洗衣、做饭、整理卫生、居室保洁、衣服熨烫、陪同看病、取药、代为购物服务。对于不能自理的老年人,提供洗衣、做饭、整理卫生、居室保洁、衣服熨烫、陪同看病、取药、代为购物服务,以及帮助清理个人卫生及大小便,照顾睡眠、饮食、给药。

(2) 保健护理。为客户提供按摩、测血压、测体温、提醒

105

吃药、肢体康复服务。

（3）心理疏导。为客户提供读报、聊天、倾听、沟通交流服务。

为进一步了解珠海市家政服务业的发展情况，我们访问了珠海市家庭服务业协会、常务副会长张海霞女士。

张海霞提及早在两年前国家为鼓励家政服务业的发展，珠海市成为全国第三批试点，得到国家拨款1400万元用于建设珠海市家政服务体系。珠海市家庭服务业协会在市商务局的指导下，聘请北京师范大学珠海分校的五位专家进行验收。同时，服务部设立相应的专业培训课程，内容广泛，选择性高，备受从业人员的喜爱。期间，学员应邀参加广东省家政服务技能大赛，勇夺季军。在广东省养老护理技能大赛中，参赛学员成绩备受瞩目，均为前25名，并且获得"优秀组织"的称号。而此项目刚于访谈日的前一天，接受了省里的验收。

张海霞认为现时老年人照顾服务于珠海家政服务行业内发展相对较慢，目前老年人护理的知识只有安排在一般家政员培训课程内；国家有专责护老家政员的课程，但珠海因为担心参加人数的不足，没有独立开班。

依据协会会员日常的反馈数据显示，老年人护理需求约占整个家政服务行业的20%左右，而因家里老年人生病需要的家政护理人员占大部分。归结原因可分为以下几点：①珠海市场需求量不够大；②社会错误认识，认可率低；③人均薪资低，不能吸引更多的从业者；④老年人的特护大量需要男性，而男性在这一行业的从业率相对较低。对此现状，张海霞也提出了自己的建议，认为养老家庭服务的发展需要的是大量的资金扶持，政府应当大力引导。在此之前，翠香街道社区也曾力推居家养老服务，由政府出资，每月提供相应的薪酬，让养老护理人员进入社区，服务当地"五保"老年人。但是，因为资金不足，计划也相应推后了。除此之外，政府的政策支持也显得尤为重要，应促进机构间的合作、医保程序的简化，同时，医疗技术的进步与支持会大大加快养老服务的发展。

六、提升养老家政服务专业水平

以 2010 年的人口统计数据，以珠海约 11 万老年人口计算，需要家政服务的约 12000 人，需要护理服务的约 9000 人。若以每年自然增长 10% 推算，2014 年底，珠海老年人口达到 16 万，需要家政服务的约 18000 人，需要护理服务的约 13500 人。李炜认为，以全国来说，照顾老年人的家政人员仅能满足需求量的 1/5。

针对珠海的现状，建议家政服务行业发展应以促进劳动者就业和满足用户需求、提升服务质量为宗旨，以政府扶持和典型示范为引导，打造家政服务品牌，走专业化、市场化、社会化道路，把行业做大做强。

七、总结

家政服务机构的老年服务应做到以下要求（吴琼瑶，2012）：

（1）为老年人提供全面、细致的基础服务。例如，提供照料服务，即照顾老年人的衣食住行；提供日常护理服务，特别是对儿女时常不在身边、生活难以自理、身体健康状况不好的老年人提供简单的医疗护理，陪同就医、帮助或陪同购物等服务。

（2）为老年人提供相应的精神慰藉，如陪同聊天、帮助老年人建立良好的人际交往，引导其积极参与社会活动，确立正确的生活态度。

（3）提升老年家政服务从业人员的各项素质。开展家政服务从业人员的专业化培训，对其进行职业道德、技术、礼仪等方面以及专业知识的培训，并逐步实现家政服务从业人员持证上岗制度。

(4)确保所提供服务的质量和诚信度。要建立备案从业人员的详细资料(道德品质、身体状况),并建立相对完善的管理制度和意见反馈渠道。经营者须与消费者签订书面合同,坚持员工上岗前的培训、体检制度,虚心接受消费者的投诉并做到及时处理,严禁以欺诈手段损害消费者利益的行为。

(5)民办家政服务机构的主要对象是有一定经济负担能力的老年人(有养老金、积蓄或由子女赡养);对没有经济负担能力的老年人,政府应设立社区社工队伍提供上门服务。

(6)不论是商业家政服务机构或公共社区社工队伍的护老员,还是在家庭中负责护老的照顾者,都需要接受系统的培训,珠海市政府应对学员提供奖助学及再培训金额。

(7)应提供对老年人照顾者的培训、就业和注册等"一条龙"服务,以培训强力推进珠海养老家政服务产业的发展。

第十章
老有所医——珠海医疗服务

 医疗改革,还差最后一"公"里。

一、医疗服务市场化

1978年以后,国家把医院推向市场,形成了今天医疗服务不公不私的定位。

养老医疗产业作为养老产业的重要组成部分,是指为老年人提供医疗服务、健康管理、疗养休养、住院陪床等产品的生产与服务,连带产业有医疗器械、医疗器具、老年人常用的康复器材等。随着中国社会的老龄化,医疗服务的对象大部分是年龄在60周岁及以上的老年人。医疗产业具有综合性,养老医疗产业横跨生产性产业和服务性产业。养老医疗产业是一个相对综合的市场体系,包含多个子市场。养老医疗产业具有薄利性。具体指从事养老医疗产业的企业在老龄化市场的单项产品或单项服务中获得的平均利润与其他非养老产业相比相对较小。养老医疗产业具有很强的专业性。从事医疗服务的工作人员都必须接受专业培训或训练,具备相应的专业技能并通过考核后才能进入养老医疗市场。由于疾病的特殊性,消费者对医疗服务的购买与否没有话语权,依赖医务人员即供给方决定,所以很多国家认为医疗服务不应该市场化,为达到病有所医,要坚持医疗服务的公益性。

二、老年医疗的市场需求

老年人群体的医疗市场存在很大的开拓空间。中国人口老龄化加剧的现象表明，老年人口数量巨大，并以很快的速度增长。据有关调查显示，60岁以上老年人的平均剩余寿命中，有1/3～1/2的时间处于患有各种慢性病的状态。老年人越来越重视自身的健康疗养状况。随着我国经济的快速发展，人民生活水平提高，越来越多的老年人开始关注自己的身体健康状况。

儿女因为各种原因不能给予充分照顾的老年人群体非常需要专业化的疗养机构来满足其医疗服务需要。我国整个养老产业医疗市场处于发展初级阶段，市场供给存在严重失衡。养老产业在我国还是一个新兴产业，相关发展滞后。而且养老设施大多数由政府和机构投资，市场化程度非常低。例如，我国现有老年医疗保健用品生产企业所提供的产品远远不能满足老年人的需求。同时，中国从事老年医疗服务的医院、设立专门老年科的综合医院的数量还非常少。

目前，我国持证的专业养老护理员为5万人左右，按照国际上老年人口与护理员5∶1的比例来计算，我国的专业养老护理员人数缺口约为500万，队伍缺口非常大。作为养老医疗市场的消费者，大多数老年人的消费观念比较陈旧，且存在抑制消费的心理，消费水平比较低，企业获利困难，导致很多企业不愿意从事养老医疗方面的供给，从而形成恶性循环，即想买服务和商品的老年人无处购买或买到的产品质量很差。

三、珠海老年病专科医疗服务

截至2013年底，珠海市登记注册且在有效期内的各级医疗机构共计336家（珠海市民政局，2013）。按照经营性质分类，全市有62家公办非营利医疗机构，有116家非公办非营利医疗机构,有158家营利性医疗机构(见表10.1)。

表10.1 珠海市医疗机构统计(截至2013年底)

主办机构	非营利性	营利性
公办	62	0
非公办	116	158

令人遗憾的是,在所有医疗机构中,明确设立老年病专科诊疗科目的医疗机构仅6家。其中,公办的非营利医疗机构有3家,分别是中山大学附属第五医院、珠海市第二人民医院和珠海市高新区人民医院;营利性医疗机构有2家,分别是珠海平安康复医院和珠海陆达外科医院;非公办的非营利医疗机构1家,为珠海白云康复医院(详情见表10.2所示)。

表10.2 设立老年病专科诊疗科目的医疗机构

机构名称	机构地址	经营性质
中山大学附属第五医院	珠海市梅华路	非营利性(公办)
珠海市第二人民医院/珠海市中西医结合医院	珠海市拱北粤华路	非营利性(公办)
珠海高新区金鼎卫生院(珠海高新区人民医院)	珠海市唐家湾镇	非营利性(公办)
珠海平安康复医院	珠海侨光路	营利性
珠海陆达外科医院	珠海市前山翠微东路	营利性
珠海白云康复医院	珠海市前山翠珠路	非营利性(非公办)

珠海市最大的公立医院——珠海市人民医院也没有老年病专科的门诊,仅仅在病房中设立老年病区。

四、初级保健与社区健康服务

1978年,世界卫生组织(WHO)和联合国儿童基金会在哈萨克斯坦的阿拉木图召开了国际初级卫生保健会议(以下简称"阿拉木图会议")。会议发表的《阿拉木图宣言》明确指出:推行初级卫生保健(Primary Health Care,PHC,也称基层健康)是实现"2000年人人享有卫生保健"的战略目标的关键和基本途径。所以"2000年人人享有卫生保健"和"初级卫生保健"两者之间有内在关系,前者是全球卫生战略目标,后者是实现此战略目标的基本途径和基本策略。

作为WHO的发起国和主要成员国之一,我国政府于1986年明确表示了对WHO倡导的全球战略目标的承诺。1988年10月,时任总理李鹏进一步阐明实现人人享有卫生保健是2000年我国社会经济发展总体目标的组成部分。卫生部长还提出:"我国应在实现2000年人人享有卫生保健的战略目标方面走在全世界前列。"(王羽、任苒,1992)

1990年,我国卫生部、国家计划委员会、农业部、国家环境保护局、全国爱国卫生运动委员会联合颁布了《我国农村实现"2000年人人享有卫生保健"的规划目标》,其中,根据《阿拉木图宣言》所阐述的初级卫生保健的精神实质,对初级卫生保健的定义作了如下表述:"初级卫生保健是指最基本的,人人都能得到的、体现社会平等权利的、人民群众和政府都能负担得起的卫生保健服务。"并深刻指出:"我国农村实现人人享有卫生保健的基本途径和基本策略是在全体农村居民中实施初级卫生保健","实施初级卫生保健是全社会的事业,是体现为人民服务宗旨的重要方面"。

珠海市发证医疗机构共321所(珠海市卫计局,2013),可分为六类:

(1)政府主办医疗机构18所;其中东澳、担杆、桂山、万山为卫生所，共4所。

（2）公办医院分区门诊10所。

（3）企事业单位医务室（包括学校医务室）116所。

（4）私人或企业门诊部87所。

（5）农村或城区卫生站、社区卫生服务站13家。

（6）个体诊所77家。

基层健康服务的单位包括横琴和高栏港医疗机构，共307所。区级医疗机构：香洲区下属门诊部13家，民营卫生站21家，社区卫生站（民营）73家，共107家；斗门区镇级卫生院5家，社区卫生服务站5家，村卫生站52家，共62家；金湾区三灶镇社区卫生站、村卫生站20家，红旗镇社区卫生站、村卫生站27家，平沙镇社区卫生站、村卫生站27家，共74家；高新区社区卫生站、村卫生站16家。区级基层健康服务的单位共197所。市级和区级基层健康服务点共504所。

珠海市从2006年底开始，启动集卫生、人口计生、残疾人康复和食品药品协管"四网合一"的农村卫生服务中心建设工作，市、区两级财政投入8000多万元，历时5年时间，已投入使用130个农村卫生服务中心。中心主要承担基本医疗和公共卫生服务。每个中心至少配备2名医务人员，其中医生1名、护士1名，当村人口大于2000人时，每增加2000人则增加1个医生岗位。每年每个农村卫生服务中心运行经费（包括人员工资和日常运作支出）10万元，由市、区财政各承担一半，并按时拨付到位。

五、珠海基层健康服务面对的问题

2012年，国家统计局珠海调查队对珠海市农村基层医疗卫生服务状况的调查结果显示，目前珠海市农民对基层医疗卫生服务满意度接近六成。主要原因是卫生服务网点较密集，全市132个行政村设有卫生服务中心130个，看病不难。

但农村居民反映：①看病还是比较贵，看普通感冒都要花费

200多元；②基层医疗设备及人员不足，稍微复杂的检查就需到区一级或市一级医院；③部分卫生站只有医生无护士，造成看病时间较长，也无法给病人输液；④卫生站服务时间无法满足农民需要，周末农民生病无法就近医治；⑤卫生站不能刷医保卡，只能交现金；⑥基本用药有限制，部分农民看病后药效不明显，需要反反复复再就医。

周萍（2005）为了解老年人对社区护理的需求，采取问卷调查及询问的形式在珠海南屏访问了80名60岁以上的老年人。结果显示，95.0%的老年人认为有必要开展社区护理，97.5%的老年人愿意接受健康教育指导，76.2%的老年人愿意接受家庭护理及定期到家随访等，75.0%的老年人愿意在社区建立家庭病床、托老所、日间护理中心，雇用保姆及钟点工，30.0%的老年人享受过社区护理服务。调查建议，要提高基层医务人员业务水平，提高医疗服务质量；加大对基层医疗设备的资金投入，提高医疗服务水平；降低医药、医疗费用；将医疗费用报销扩大到二甲、三甲医院；加大对于季节性疾病的预防宣传力度，增加一些健康方面的宣传栏目；提高医德医风，防止医护人员向病人推销营养品。可惜样本人数太少，未能引起相关部门重视。

安荣泽等（2010）调查了珠海非公有制卫生服务机构参与公共卫生的基本情况，总结政府补偿的经验。采用描述性统计分析方法，对珠海市非公有社区卫生服务中心（站）、农村卫生站和医疗机构提供公共卫生服务的种类与数量及补偿情况进行了分析。结果发现：

（1）非公有制社区卫生服务中心开展了六大项公共卫生服务全部项目，所有农村卫生服务机构基本上只开展公共卫生中的医疗项目及很少的预防服务，非公有制医院参与六大项公共卫生服务部分项目，但工作量极少，仅占总量的3.42%，未参与预防服务。但都参与了突发性公共卫生事件处理，如禽流感、"非典"和三聚氰胺奶粉等检查、治疗和预防。

（2）政府对城市社区开展公共卫生服务的情况进行了部分

补偿,补偿幅度与公有制社区医疗机构相当,但对农村社区和公有制医疗机构参与公共卫生服务的补偿较少。

(3) 公共卫生服务尤其是预防服务的开展还有拓展的必要。

(4) 珠海市非公有制社区卫生服务中心(站)农村卫生站和医疗机构在公共卫生服务中承担着重要的角色和作用,政府在补偿城市社区参与的公共卫生方面已经初步探索出成功的经验,但尚无对医疗机构、农村社区参与公共卫生服务的补偿政策。

六、家庭病床的实施

2013年6月,珠海市人民医院开展了社区延伸服务——居家护理。居家护理是指对需要照顾的个人及其家庭,在其居家环境中,获得定期的专业健康照顾和护理服务,达到促进健康、维护健康及预防疾病的目的,病人在家中就能继续享受专业人员的医疗照顾。

珠海市人民医院居家护理的服务包括家庭病床、院后延伸服务、重点人群的预防保健等服务项目。当时医院有登记在册的23张家庭病床,护理服务的内容有:胃管、尿管定期更换,膀胱造瘘管的护理及更换,气管切开护理的指导及吸痰的指导,长期卧床的护理及康复指导,慢性病的规范用药及定期复诊,等等。家庭病床作为医院床位的补充形式,有效地提高了卫生资源的使用效益,降低了医疗费用的成本,满足了日益增长的卫生需求,同时缓解了医院床位紧张的压力。

2014年2月28日,农工珠海市委员会在"两会"上提出了有关《制定医疗保险家庭病床管理制度,推广社区家庭病床服务的建议》提案。农工珠海市委员会一直在关注家庭病床的建立问题,并做了大量调研工作。在此基础上,他们建议将家庭病床纳入医疗保险管理范围,制定完善的管理制度。并以家庭病床准入审批机制为着力点,整合社区卫生资源,政策扶持、引导基层卫生机构建立社区居民健康档案,特别是老年人的慢性病档案,在珠海逐步建立并完善社区居民健康档案网络管理体系。同时，针对建立起家庭病床服务的基层医疗机构，给予政策、技术等方面的扶持和引导，使其规范、健康地发展，对其医护人员进行定期的、有针对性的培训。珠海市卫生局副调研员徐燕飞表示，2014年珠海市只有少数社区医疗机构建立了家庭病床服务，如珠海市人民医院、珠海市第二人民医院、中山大学附属第五医院等市内综合医院根据患者的需求零星开展该项服务。"不过，由于没有纳入医疗保险范畴，也没有统一、规范的建章立制，医疗机构只能根据自身的条件来设置服务项目、内容、操作规范和收费标准。而市民对家庭病床还不够了解，使得家庭病床这种社区医疗服务的模式在珠海呈现出一定程度的先天不足。"（中国新闻网，2014年4月12日）

2014年11月27日，珠海市卫生和计划生育局发表了《关于征求珠海市家庭病床服务管理办法（征求意见稿）修改意见的函》，标志着家庭病床服务纳入医保时代的到来。

七、应对长期照料护理的需求

就珠海如何推进长期照料护理老年人的相关医疗服务，建议如下：

（1）引导民间资金及港澳台慈善医疗机构投入发展珠海医疗服务；及时出台相关的优惠支持政策，利用特区立法优势出台相应法律法规，保障长期照料护理医疗的有机并轨和养老医疗产业的健康有序发展。

（2）养老医疗服务的可持续发展离不开养老保障制度的健全与完善。政府每年应按老年人的家庭经济情况及其年龄，给予老年人不同程度的医疗服务补贴，以促进市场化养老医疗产业的发展。

（3）尽快建立中央强制性的"长期老年护理保险制度"。中国目前的长期护理保险主要是商业护理保险，这种商业保险远远不能适应在人口老龄化加剧背景下老年人及失能群体的实际护理需求急剧增加的现实状况。因此,应该强烈呼吁从国家层面建立一种覆盖全社会的长期护理保险制度,应对人口老龄化。

(4) 加强养老护理队伍建设。政策方面,应从法律层面健全养老护理服务机制。应设立专门培养养老护理人员的职业学校,提高养老护理人员的学历,从而吸引更多人接受养老护理教育。我们要提高现有养老护理人员的专业素质,对其进行在岗培训,取得养老护理人员职业资格证书。具体措施还包括:①政府加大对养老护理事业的投入,提高养老护理人员的待遇,增加劳动报酬,使更多的人愿意参与到养老护理工作中。②宣传养老护理观念和养老护理知识,在社会上形成尊重养老护理人员的风尚。③积极发展家庭病床服务。现在送医送药上门的医疗费用不能报销,居家治疗无法实施,病人宁愿到医院或医疗卫生站求诊。将家庭病床纳入医保,才能使居家养老成为可能。

国家最近发出明确的信号,把推进医疗改革作为小康社会的重要指标。老年人都盼望医疗服务公益时代的到来。

第十一章
老有所复——医疗与康复器械

"老有所复"是指老年人活动能力的恢复、康复。老年人面对各种疾病的高风险，在中风、骨折、智力能力衰退的情况下，会临时或永久进入半失能或失能状态；但通过康复服务的协助，又能"复活"，或延缓退化现象。这一章我们谈谈医疗与康复器械产业的发展。

一、老龄化带动医疗与康复器械产业

老龄产业没有将医疗器械产业单独列出，是因为医疗器械涉及老龄产业的很多方面，尤其是老龄消费品市场、社区居家养老服务市场、老龄护理服务市场。

老龄化将带动医疗器械的整体需求，尤其是伴随经济水平提升的对自我诊断需求的提升，将大力推动家用医疗器械的高速发展。国家老龄委数据显示，我国65岁以上人口从1982年的4900万提高到2008年的1.1亿人，占总人口比例从1982年的4.9%提高到2008年的8.3%，预计到2030年这一比例将达到25%。我国老年人口患有慢性疾病的比率超过80%，同时具有两种以上慢性病的老年人口比例在60%以上。

医疗器械行业是知识密集、资金密集、多学科交叉的高科技产业，是一个国家制造业和高科技尖端水平的标志之一。

根据国际标准化组织（ISO）制定并发布的医疗器械质量管理标准及相关标准，以及国务院2014年6月1日起施行的《医疗器械监督管理条例》，将医疗器械定义为：直接或者间接用于人体的仪器、设备、器具、体外诊断试剂及校准物、材料以及其他类似或者相关的物品,包括所需要的计算机软件;其效用主要通过物理等方式获得,不是通过药理学、免疫学或者代谢的方式获得,或者虽然有这些方式参与但是只起辅助作用;其目的是:

(1) 疾病的诊断、预防、监护、治疗或者缓解。
(2) 损伤的诊断、监护、治疗、缓解或者功能补偿。
(3) 生理结构或者生理过程的检验、替代、调节或者支持。
(4) 生命的支持或者维持。
(5) 妊娠控制。
(6) 通过对来自人体的样本进行检查,为医疗或者诊断目的提供信息。

二、珠海医疗器械产业发展

国家对医疗器械按照风险程度实行分类管理。

第一类是风险程度低,实行常规管理即可保证其安全、有效的医疗器械。

第二类是具有中度风险,需要严格控制管理以保证其安全、有效的医疗器械。

第三类是具有较高风险,需要采取特别措施严格控制管理以保证其安全、有效的医疗器械。

按照《珠海市老龄事业发展"十二五"规划》中关于"老龄产业"的要求:构建老龄产业体系基本框架。初步形成具有明显社会效益和经济效益的老龄产业板块,有计划地兴办以老龄消费为主要产品的企业,支持企业参与老龄产业发展。鼓励和扶持开发老年用品,引导企业生产满足老年人各种需求的门类齐全、品种多样、经济适用的老年用品,形成一批生产老年服务产品的龙头企业和知名品牌。目前,相关企业有540家(见表11.1)。但珠海医疗器械产业在生产经营和分类监管两方面都存在一些问题,有待解决。

表 11.1　广东省和珠海市的医疗器械注册证数量

医疗器械注册证	广东省（个）	珠海市（个）
一类	2859	151
二类	10892	306
三类	593	83
总计	14344	540

三、医疗器械的国际竞争

全球范围内，医疗器械产品的主要生产地在美国、欧洲和日本。美国是全球第一大医疗器械市场，其销售额约占全球医疗器械市场的33%。美国本土医疗器械产品需求巨大，高水平的医疗支出、3亿规模的人口基数以及人口老龄化趋势，成为市场增长的主要动力。欧盟是全球仅次于美国的第二大医疗器械市场，其销售额约占全球医疗器械市场的27%。欧盟26国人口达到了4亿以上，成为该市场增长的主要驱动力。另外，单一货币使得各国医疗器械产品的价格透明化，促使欧盟成为更具竞争力的地区，形成高度成熟的市场体系。日本医疗器械行业的销售额约占全球医疗器械市场的9%。日本医疗器械产业基本上能满足国内需求，并不依赖进口产品。

2009年全球销量前10名的医疗器械公司的产品销量都在数十亿美元以上。强生无疑是医疗器械领域的领航者，2009年的销售额达到235.7亿美元。而其他主要竞争者如西门子、通用和飞利浦虽为非医药企业，但是在医疗器械领域同样占有重要的一席之地。知名的但以生产小设备为主的公司如美敦力和波士顿科学同样榜上有名。医疗器械巨头们的收入出现普遍增长的趋势。

我国是全球医疗器械十大新兴市场之一。全球医疗器械行业成长性优于药品市场,未来将维持10%～15%的复合增速。虽然发达国家占据了78%的市场份额,然而以我国为代表的发展中国家市场正经历着快速的成长,正在依靠成本优势和研发积累提升产业链地位。

目前,我国医疗器械行业总产值已超过1000亿元,跃升至世界第二位,仅次于美国。尤其在多种中低端医疗器械产品(如卫生材料、一次性医院耗材、输液器、B超、呼吸机、普通手术器械和激光类手术器械等)方面,我国的产量均居世界第一。据了解,我国出口数量较多的医疗器械产品主要是:电子和水银血压计、B超、CT、MRI、病员监护仪、一次性医院耗材(如输液器、输液泵、注射器、针头导管等产品)、按摩器械、医用敷料、手动轮椅及残疾人车等、其他类产品(如急救药箱、义齿材料、康复器械、助听器等)。

不断增加的医疗费用支出、日益提升的消费能力和健康意识,将是推动行业发展的积极因素,医药卫生体制改革给行业发展注入额外动力,成为释放被压抑需求和打开未来潜在空间的诱发力量。在资源配置再平衡、升级换代以及产业转移等内外部动力相互交织的作用下,我国医疗器械行业复合增长率将维持在20%～30%。

我国医疗器械产能增长的同时,存在不少问题。

2010年我国医疗器械市场的基本构成如下:高端产品仅占25%,中低端产品则占75%。反观国际医疗器械市场,高端产品占55%的份额,中低端产品仅占45%。这表明,我国医疗器械市场仍以技术含量较低的产品为主。在我国出口的高端器械类产品中,美国GE、荷兰飞利浦、日立等在华外资公司的产品约占近八成,这反映了我国本土企业高端产品制造力不足。我国众多企业长期从事的低端产品加工出口业务隐藏着巨大的风险,依赖低原料价格、低人力成本走加工贸易之路,再也不能继续下去了。

四、珠海的医疗器械产业

广东省和珠海市医疗器械生产企业（表 11.2），以及珠海市医疗器械经营许可证（表 11.3）现状如下。

表 11.2　广东省和珠海市医疗器械生产企业数量统计

医疗器械生产企业	广东省（家）	珠海市（家）
一类	375	11
二、三类	2627	203
总计	3002	214

表 11.3　珠海市医疗器械经营许可证数量统计

医疗器械经营许可证	广东省（个）	珠海市（个）
数量	8064	382

高端医疗器械依赖进口，意味着高昂的医疗成本，让老年人看不起病。

从珠海市医疗器械生产企业和经营企业可以看出，现阶段珠海市医疗器械企业和全国市场一样，正处在整合发展临界点，专业化并购培育细分市场龙头，综合化并购催生行业巨头，如和佳医疗。从初级卫材为主的初创阶段到门类扩张的起步阶段，再到 20 世纪 90 年代民营资本推动的结构性变化阶段，珠海乃至中国医疗器械行业完成了原始技术和资本积累，并初步实现产品结构调整和区域产业布局。2006 年新医改启动后，医疗器械行业迎来了一个新的历史时期。多元化战略诉求、激烈的行业竞争和资本力量成为行业整合的催化剂，在行业内生特性和外部环境共同作用下，集中度提升和多元化发展趋势逐渐形成。珠海本土医疗器械企业通过兼并收购，推动行业走向集中。在综合化和专业化发展过程中，将涌现更多的细分市场龙头，并且催生未来的行业巨头。

2016年，政府提出医改进入深水区，医疗器械产业也迎来了"整合发展期"。医疗器械企业将面临三种发展格局选择：①专注细分市场，成就细分龙头；②通过并购扩张，成为综合巨头；③借助电子与通信科技优势，实现医电一体化。专注和多元化都不可或缺，而且多元化发展、积极进行整合扩张的企业更有希望成为赢家。从全国来看，迈瑞医疗、威高股份、鱼跃医疗、乐普医疗已经通过合资、并购走向多元化，成为整合的领跑者。微创医疗、康辉医疗、创生医疗、九安医疗、阳普医疗、新华医疗则是细分领域的佼佼者。珠海格力会不会后来居上，值得期待。

医疗器械细分行业包括家庭器械、心血管介入、骨科器械和高质耗材四个细分行业。进口替代、潜在需求释放和消费升级带动上述四个细分行业高速稳定增长，未来几年的行业年复合增速分别达到25%、24%、21%和20%。感控灭菌领域竞争激烈，政策带动行业龙头企业近期快速成长，远期有待观察。医学影像行业增速缓慢，新兴市场出口和升级换代或迎来曙光。

珠海作为一个开放性的城市，要有效开展针对性培训，提高专业人员能力。随着我国医疗器械分类界定工作的常态化进行，应尽快建立岗位培训新模式。针对申请企业、代理公司和监管机构的不同需求开展培训工作。重点培训医疗器械的基本法规条例、分类界定申请工作的程序和要求，着重对"医疗器械分类界定申请提交资料"具体要求的培训，以进一步提升产品分类界定申请的质量。珠海也要完善分类界定专家库，甚至借助港澳的力量，一个完备的医疗器械分类专家库是提高医疗器械技术含量的有效手段。

日本生产的复康巴士、香港康复社会工作教授也有参与提供意见。

五、未来的发展重点

（1）政府应大力推广正确使用个人医疗器械的知识。

（2）政府应大力资助老年人与残疾人士的居家医疗器械使用量。

（3）政府应大力资助老年人与残疾人士的出行器械、电动轮椅等，间接带动相关产业。

（4）珠海现有医疗器械生产主要是出口导向或行销华南地区，应作为创新产业，得到扶持。

（5）政府可通过举办展览会鼓励医疗器械企业创新，或于高新区提供生产场地及税务优惠。

（6）为满足本地老年人对医疗器械的需求，政府可资助建立"个人医疗器械"供销网络平台，并对优质产品加以认证，提高消费者信心。

第十二章
老有所群——社会心理关怀

一、养老机构巡回社工服务

2013年底,珠海市共有各类收养性养老机构24个,养老床位2327张,每千名户籍老年人拥有养老床位数19.88张。珠海市养老服务政策日益完善,养老服务设施建设快速发展,社区居家养老服务网络逐步形成,但是珠海市社会养老服务体系建设仍然处于起步阶段。

2014年伊始,在民政部门的支持下,一项珠海市养老机构社工巡回服务应运而生,通过社会工作的投入为全市养老机构内生活的老年人提供更加专业的社会心理支持,提升他们的生活质量,为其营造一个更好的乐活环境。

项目的主要目的是通过巡回服务的方式,将社会工作专业服务带入养老机构,透过社工的直接服务及间接服务,为养老机构内的老年人提供服务,提升他们的幸福感;同时为工作人员提供专业支持,从而推动珠海养老机构服务的进步,引领养老机构的服务模式创新。

其实这是因为各养老机构老年人入住率偏低,加上资助不足,才采取巡回服务的方式,人数多的敬老院,应设立社工站提供常态化服务。

二、养老机构巡回社工服务的内容

具体社工服务内容有:

(1) 提供个案服务,为养老机构内的老年人提供个性化的社会工作服务,提供个人咨询、辅导,老年人家庭咨询、辅导等服务,协助老年人正面处理因身体老化带来的生理、心理、家庭、人际关系等方面的问题,让老年人在养老机构安享晚年。另外,了解老年人的普遍智能状况,为其提供相应的认知训练。

(2) 组织小组活动,根据老年人的实际需求,精心设计社交康乐小组、知识资讯小组、兴趣小组、义工小组、心理健康及心理治疗小组等,借以促进老年人个人的文化和社交活动,维护其身心健康,使养老机构内的老年人能够更好地处理个人、群体及社区的问题,更好地面对晚年生活,继续发光发热。

(3) 开展职工实务培训工作,向养老机构的员工推广社工理念,开展各类培训、分享活动,提高职工的归属感和满足感,增强他们的工作热情,提升他们的服务效能。

(4) 开展大型的节日或社区活动,促进养老机构、老年人家属、社区之间的联系、沟通、互动和合作,同时促进社区人士对社工工作的认知与接纳。

(5) 进行义工招募及培训工作,协助养老机构建立义工队伍,对义工进行专业的培训,初步建立义工管理机制,使得义工能够更好地为老年人服务。

(6) 进行社区教育及宣传工作,通过不同形式的宣传,促进家属及社区人士对老年阶段和老年人的认知,推广老年照护的经验,消除对老年人的歧视,鼓励社区支持养老机构的工作,为老年人营造一个温馨的社区环境。

(7) 提供专业督导服务,引进香港专业社工督导对一线社工进行培训,通过个人督导与集体督导、在职培训活动,促进本土社工人才的发展。

（8）采取多种系统介入模式，促进服务对象、养老机构、工作人员、服务对象家属、社区人士之间的沟通与协作。同时，激励养老机构内部不同工种的工作人员携手同心，为老年人提供最优质的服务。

为掌握珠海市养老机构的实况和服务使用者的需求，在市民政局和市社会福利中心的帮忙下，巡回社工服务项目在2014年1月对珠海24家养老机构进行了前期的调研。巡回社工服务队接触珠海各养老机构的领导或负责人，通过问卷和访谈方式，了解各机构的人员实况、托养老年人的需要及养老机构对社工服务的期望；同时，社工借此机会与养老机构确定联系方式，建立初步工作关系。

三、个案社会工作的意义

个案服务方面，在提供服务的过程中，社工发现记忆力及认知能力减退成为大部分老年人的烦恼，而这些症状正是老年人脑退化的症状之一。特别是近期记忆及辨识事物的基本能力的下降，令老年人在活动中学习新知识时有困难，甚至未能跟从活动的安排。因此，在项目开展了大半年后，社工把本项目的个案服务重点放在提高老年人的健脑意识上，降低老年人患上脑衰退症的机会。针对有认知障碍的老年人，社工对其进行一对一的简短智能测试（MMSE），目的在于了解老年人的普遍智能状况，在小组活动中为其提供相应的认知训练。这样，有助于改善老年人的集中力及对周围环境的认知，从而有助于其提升记忆能力，延缓脑衰退情况，提高生活质量。

同时，为老年人编写生命故事也是个案服务的重点。通过"你说我写"的方式，让老年人在回想过往中，看到自己一生的重要性，更肯定其人生的意义和价值。提及过往的人、事、物和感受，有助于老年人更自觉、更详细地检视生命历程，在反思、总结的同时，也学着放下。

黄婆婆今年85岁了，身体很健康。社工每次见到黄婆婆，慈祥的婆婆都是静静地坐在床边，微笑着招呼社工过来聊天，也喜欢聊起自己的年少往事。就这样，社工顺势开始为她写起"生命故事"。年轻的黄婆婆，在村里堪称村花，上门提亲的人络绎不绝，最后因为老伴的忠厚老实，黄婆婆与其喜结连理。但好景不长，老伴因病先走了一步，黄婆婆每天以泪洗面。虽然没有养育一儿半女，但是黄婆婆仍然坚强地生活，一个人干农活。虽然累，但是黄婆婆从不轻言放弃，她有空就到丈夫的坟前说说话，就已经心满意足了。"知足常乐""阔达宽容""坚强不息"……这些词语都能在黄婆婆的"生命故事"里体现出来，黄婆婆与社工回顾自己一生的过程中，时常笑中有泪、泪中带笑。最后，当社工把自己给黄婆婆写好的"生命故事"读给她听的时候，黄婆婆表示这使她觉得自己没有枉过此生，不但更加热爱生活，而且会更坦然地面对死亡。

四、丰富老年人的社交生活

老年人的社交活动可以分为三个方面来建设，即常规活动、小组活动和大型活动。

常规活动即"在院舍形成惯例或特色而固定开展的活动"，在固定的时间将老年人集中到统一场所进行包括保健操、粤曲欣赏、怀旧电影、手指画等形式的集体活动。通过此类常规活动，促进老年人之间的互动，增加彼此的认识，借此达到丰富老年人在养老机构的生活、提升老年人社交能力的目的。

根据各养老机构的老年人的不同特性，如年龄分布、身体状况等，巡回社工设计、开展与完善了符合老年人需求的常规活动。如巡回社工在红旗镇社会福利中心开展的十式运动操，针对的服务对象是一些体质较弱的半自理老年人。这些老年人的日常社交活动因身体而受到限制，常规活动的开展有益于他们之间的交流和互动。常规活动结束后，老年人反馈"每次运动后身体暖暖的,很舒服"。

平沙镇社会福利中心的老年人身体情况较好,精神需求较大,巡回社工在前期服务中了解到老年人对历史事件感兴趣,便在福利中心开展"怀旧电影"常规活动,播放20世纪五六十年代的老电影如《南征北战》《抗美援朝》等,受到老年人的热烈欢迎,大部分老年人在电影播放前便到场等候。由于反响较佳,福利中心管理人员专门配备了完善的多媒体设备,使老年人有较好的视觉体验。

巡回社工在养老机构组织和开展常规活动后,观察到参与活动的老年人在日常行为和情绪方面发生了改变,相互间的交往增多了,脸上的笑容增多了,挑剔斗嘴的时间减少了,说明增加集体性活动有助于在老年人之间构建和乐融融的氛围。

小组活动在满足老年人社交需求方面有独特的优势,为老年人提供了一个交流的平台,直接增加了老年人的社交机会,让老年人在小组活动中得到锻炼,发挥老年人各方面的潜能,促使其增强自信心及提升自我形象,在小组中得到快乐。社工在各养老机构开展的小组包括运动小组、保健小组、手工小组、艺术小组、社交小组和认知训练小组等。

在促进老年人社交生活方面,社工在乐百年护老中心开展"乐融融社交小组",邀请新入住老年人和入住了一段时间的老年人一起参加小组活动。通过7节主题不同的小组活动,包括游戏、故事分享、歌曲欣赏、戏曲欣赏、制作相框等,促进组员之间的互动,让他们通过小组活动结识新朋友,提升与人合作的技巧,丰富他们的日常生活,增加他们的生活意义,同时,在养老机构内部构建起互帮互助的氛围。

社工在服务过程中发现,不少老年人患有不同程度的认知障碍。针对有认知障碍的老年人,提供认知训练非常有必要。因此,社工在各养老机构开展缤纷益智小组活动,活动包含现实导向、十式运动操、图片认知训练等几大环节。十式运动操锻炼老年人的身体活动能力;认知主题的讨论引起老年人回忆过往及讲叙生活经历，促进老年人互相了解及欣赏。部分老年人在小组活动完结后会互相交流，部分参与的老年人做认知训练题有进步，完成速度有所提升。

大型活动多为节日性活动，以康乐群体活动为主，让养老机构内的老年人感受节日欢乐的气氛，感受到社会的关怀，丰富老年人的院舍生活，增加老年人与外界沟通交流的机会。养老机构、老年人及其家属对于大型活动的认可度相当高，认为可以在养老机构内增加更多类似的活动。

社工开展了端午节、中秋节和重阳节等节日性活动，组织老年人相聚一堂，感受节日的气氛。例如，社工在红旗社会福利中心开展"相伴中秋，与你同乐"活动，经过前期链接义工资源、安排节目流程与准备物资等，使当天活动进行得很顺利。与老年人一同赏月、一起玩游戏、一起欣赏义工的节目表演，让老年人即使在养老机构内，也能感受节日快乐的气氛，与他人分享节日的快乐。该活动得到养老机构及老年人家属的认可，也增强了老年人对养老机构的归属感和认同感。

在节日之外，社工也会在养老机构开展趣味运动会和游园会活动。例如，社工在乐百年护老中心开展"欢乐百年，欢乐游园"活动，设计一些适合老年人玩的摊位游戏，如"篮球喜相逢""欢乐天地掷豆袋""乒乓球吹吹吹""笑脸颠球比赛""骰子对对碰""你做我来猜"等，使体弱的老年人也能参与其中。老年人在完成摊位游戏的过程中得到快乐及满足感。

五、发展养老院义工队伍

社工介入义工服务，进行义工服务的统筹管理，发展各类不同的义工团体，能够帮助提高义工的服务质量，使得义工提供的服务更加贴近老年人的需求。

社工在义工统筹这部分，规范从宣传招募到培训再到现场指导和评估的所有流程，使得义工服务得到有效的管理，使之能够满足老年人以及养老机构的需求。在联系到各个义工组织之后，社工招募相关义工，包括大型活动的协助义工。例如，在快乐寿星老年公寓开展的"十一月八，游一游园"游园会活动中，就邀请到城市职业学院的义工们协助开展活动。社工会在义工开展服务之前组织义工培训，培训内容包括养老机构的情况简介、义工服务管理流程、义工服务的注意事项，以及脑退化、老年抑郁症等与服务相关的知识内容。

在义工服务中，社工会作为监督指导角色协助义工进行服务。每次义工服务结束后，社工会组织义工进行服务总结分享。除此之外，还运用一些手法，如博爱老年公寓使用的"探访服务记录表"以及前山社会福利中心的年度义工表彰，使得养老机构以及社工能够有效地进行义工统筹和管理，保障义工提供服务的质量和义工服务的持续性。

自从社工介入义工统筹之后，为养老机构现有义工服务提供了实用的建议，提高了义工的服务质量，并且丰富完善了义工的服务类型，管理分配好不同义工团体提供服务的时间，避免了义工服务扎堆或空缺的情况。同时，使义工能够针对老年人的需要提供相应的探访服务和生活协助等。

六、开展社区教育

社区教育及宣传工作，属于全市养老机构社工巡回服务中的一项服务内容，即社工通过不同形式的宣传，促进老年人家属及社区人士对老年阶段和老年人的认知，推广老年照护的经验，消除对老年人的误解或歧视。

例如，在宣传脑退化等老年化信息的同时，增加社区居民对养老机构巡回社工的认识。由养老机构巡回社工统筹，大虎社区公共服务站出资，平沙红十字志愿者服务队承办的"当我老了之关爱老年人"主题户外活动在大虎社区公园举行。该活动主要以展板宣传结合有奖问答，辅以摊位竞技游戏体验，以社工加义工的联动模式开展活动。活动吸引了社区上百名居民的踊跃参加，活动效果得到了社区及志愿者团队负责人的积极赞赏和肯定。另外，借助活动也扩展了民众对养老咨询及巡回社工的认识度。

七、引入社会资源

除了开展社工三大手段（个案、小组、活动）的专业服务之外，针对实际需求，巡回社工服务队的社工在养老机构中还需扮演一个重要角色，即通过协调和推动社区资源，让养老机构、老年人及其家人受惠，同时促进不同社会服务之间的联系，为养老机构提供支援。例如，联系企业进行服务合作，提供物质支持。项目开展前期，对全市养老机构进行了全面的调研，针对其实际需求，为每一间养老机构量身定制了独一无二的需求方案。通过珠海社会福利中心以及各养老机构所拥有的社会资源，联系企业单位，为养老机构确认所需的物资。

项目开展前期，社工与广东省狮子会九洲服务队进行沟通联系，撰写资源争取方案，为白蕉镇社会福利中心提供了物质支持及环境改造支持。除了物资的捐赠，社工还会根据养老机构的需求，撰写活动策划书，让企业以承包的方式，承担活动经费、义工服务开支等。社工与平沙镇红十字志愿者服务队合作，在平沙镇社会福利中心开展了"九九重阳节，浓浓敬老情——重阳节游园会"，使老年人度过了一个快乐且有意义的重阳节。通过这些形式，能够把企业的资源联合起来，符合养老机构的需求，更好地帮助老年人。

社工通过社会资源争取工作的开展，建立了一个资源争取的示范，也促使养老机构对外界资源报以开放的态度，更加积极、主动地进行资源争取工作，形成引入社会资源、提升服务水平的意识。

八、提高养老机构员工能力和士气

职工培训工作也是社工介入养老机构服务的一种工作手法，它不仅有助于社工理念的推广，也有助于养老机构的员工工作技能的提高及知识的积累。社工协助员工成立各种类型的经验分享小组，使员工能够相互交流照护老年人的经历，获得群体的支持，提高员工的归属感和满足感，增强他们的工作热情。此外，社工还可以通过协调社区的资源，协助养老机构开办各种技能工作坊，提高员工的工作技能。

在前山社会福利中心，社工进驻初期，一提到培训，员工就搬好凳子，准备"听课"。当社工说"今天我只是聆听者，你们才是真正的老师"时，员工才发现社工的"培训"与传统的"你讲我听""你走我依然不明白"是不一样的。社工在员工中组建沟通小组，让组员说出日常工作中与同事、老年人沟通的经验，通过分享，让组员在"润物细无声"中获得别人的知识，得到互相帮助与提升。

社工邀请了珠海市营养协会的会员，为养老机构的护理人员进行主题为"老年人健康与营养"的讲座培训。另外，针对护理人员平时工作辛苦，比较少机会能够聚在一起聊一下工作以外的生活的情况，社工举办了"闲来相聚"护工团建活动，让护理人员能够有一个机会放松身心，丰富精神生活。

九、养老机构巡回社工服务计划的成效

经过一年来的努力，养老机构中的老年人及工作人员逐步改变了对社工和社会工作的认识。由不认识社工，到开始慢慢了解社工；由不愿意参加社工活动，到现在能够记住社工做服务的时间，期待社工的到来；由养老机构内无社工，到目前有一半的养老机构表示愿意聘请社工，甚至有1/3的养老机构已经把聘请社

工列入下一步的计划当中。

随着社工的进驻，与老年人慢慢熟悉、建立关系，到现在老年人会主动咨询社工有什么服务，对社工的到来有所期待。通过社工的各种类型服务，满足了老年人在养老机构生活的需求。例如，针对新入住的老年人开展社交小组，促进老年人互相认识，让老年人能够在养老机构内找到一起聊天分享的朋友。对于社工，老年人都表示非常欢迎。

有的养老机构一开始有点抗拒和排斥社工的介入，如今也表示希望招聘驻院社工。有的养老机构已经专门成立了社工办，聘请了社工活动助理，新装修了一间活动室来开展社工服务。项目开展一年，已有15%的养老机构聘请了社工，有50%的养老机构希望能够有实习社工进驻。社工开展服务时，工作人员都会鼓励老年人参与。

社工进驻养老机构的同时也介入了养老机构的义工管理，通过服务计划、招募、培训、服务跟进及服务评估，协助义工提高服务质量。义工反映自从社工介入之后，自己对老年人的认识更多，服务开展也更加顺利。社工注重义工服务当中义工本身的收获，让义工明白不仅仅是服务他人，自己也会有很多的收获，对义工服务有更深一步的认识和体验。

虽然社工并没能够直接提供家属服务，但是在开展服务时，还是会有不少老年人的家属参与其中。家属们认为，社工的进驻能够让老年人获得关怀，所开展的服务也能够丰富老年人在养老机构的生活，因而对社工的服务表示认可，也有意愿参与到社工的服务中。由此可见，通过巡回社工团队的努力，项目的成效还是比较明显的。

十、老年社会工作的推广

在珠海市民政局和珠海市福利中心领导的支持和帮助下，养老机构社工巡回服务项目社工团队秉承项目精神，团结努力，按照项目计划踏实推进工作，开展了专业而丰富多彩的活动，推动了养老机构内的老年人服务。在2014年，服务开展了54个个案和50个小组，举办活动63项，员工培训和义工培训分别是9次和45次，项目服务情况良好。

作为首创项目，巡回社工团队的任务之一便是让珠海市养老机构内的工作人员以及老年人能够认识社工，了解社工的作用，并意识到老年人以及整个养老机构的需求。从上述直接服务对象及养老机构的反馈中，我们看到，通过一整年的努力，巡回社工团队已经将社工的价值带到养老机构，让养老机构内的老年人及工作人员都意识到社工存在的必要性。这是本项目最显著的成效。

由于本项目无论是内容还是运行方面在珠海都属于初创，也是社工服务第一次大规模地进驻养老机构，在此之前，没有相类似的服务项目经验可参考借鉴，项目在摸索中前进。在前期的服务中，社工的困难主要在于与养老机构的磨合。而后期，社工在大力推广服务的同时，也全力为养老机构争取资源，其中包括桌椅、热水器、收音机等有效提升老年人生活品质的器具。在服务初期，大部分养老机构对于社工服务的介入持观望和犹豫的态度。随着服务的开展，我们也看到了社工服务在养老机构中的成效，因此，有了如下的展望：

（1）因地制宜，深入开展服务。项目前半年主要着重于与养老机构及机构内老年人建立关系，并了解其服务需求，后半年在人手增加的情况下，更加深入地开展社工服务，特别是针对那些明显表示对社工服务有需求的养老机构。巡回社工团队已经根据各养老机构的服务开展情况，认识到养老机构对社工服务有很大的需求，但基于资源和人手所限，只能做重点服务。日后可以调整服务策略，选出部分基础较佳的养老机构重点提供服务；为那些已有或计划自行聘用社工的养老机构提供咨询服务，以有限的人手做最好的事。

（2）增加小组活动，加强员工培训。经过一年来的努力，社工与养老机构及机构内的老年人已然建立起良好的专业关系，专业小组活动的顺利开展，从质量上提升了老年人的生活质量。后半年加强了养老机构的员工培训，使得更多养老机构的员工能够参加培训，并在培训中提升工作的专业性。在日后的服务里，将在此基础上完善服务的质量。

（3）复制经验，社工巡回服务已验证了老年人对于社交及心理关怀服务的需求。运用巡回的工作模式只是因为经费不足，驻点服务更能加强社工人员与养老机构中的老年人的关系。香港地区及海外养老机构的院长多为社会工作者，希望珠海能发展养老机构驻院社工服务。

第十三章
养老产业的领域和发展

一、国内外有关养老产业的研究

在西方社会，关于老年经济学、老龄化社会问题的研究很多，但缺少专门的、具体的、系统的养老产业的研究。

1956年，联合国发表了世界著名人口学家、法国国家人口研究所所长皮查特的《人口老龄化及其经济和社会含义》。1960年，美国的克拉克·蒂比茨出版了《老年学手册：社会（经济）诸方面》一书。20世纪70年代后期，西方发达国家的人口学家和经济学家开始注意对人口老龄化的经济效应的研究，发表和出版了一些研究性的论文和著作。著名经济学家舒尔茨于1976年出版的《老年经济学》被认为是目前最完善的老年经济学理论专著，在该著作中，舒尔茨主要就老年人的经济情况、退休和工作、老年社会保障和保障基金的筹措与管理以及老年消费等方面进行了系统的论述。20世纪80年代以来，随着人口老龄化程度的加剧，一些西方国家的社会保障制度、劳动力市场、社会福利和公共财政政策以及代际关系等方面遇到不少问题，促使老年经济学研究进一步发展。

国内学者对养老产业的研究的探索始于20世纪90年代，但社会各界对老龄问题的认识已经有了很大的提高，养老产业的发展得到了政府、学术界和相关企业的广泛关注。1982年，我国参加了联合国在维也纳举行的第一次老龄问题世界大会，并对《1982年维也纳老龄问题国际行动计划》给予积极回应，成立了中国老龄问题全国委员会，为开创中国的老龄事业、积极应对即将到来的人口老龄化奠定了基础。1990年后，一些学者开始关注国外的研究成果，并把国外的研究成果与中国国情的理论研究有机结合起来，集中开展对老年消费市场的研究。（陈叔红，2007）

1997年全国第一届老龄产业座谈会的召开，标志着中国养老产业的开端。

二、养老产业的领域

在我国，养老产业也称为老龄产业、老年产业。学者普遍认为养老产业是专门为老年人提供产品和服务的行业，但学者对这一产业的领域范围说法不一致，代表性的观点如下：

（1）养老产业是以专门为老年人提供劳务服务为主，独立存在的经营性、服务性的特殊部门，从产业归属看属于第三产业，从行业性质看属于服务业。作者强调养老产业的经营性和服务性。（张智敏，2001）

（2）养老产业是从第一、二、三产业以及第四产业（信息产业）中派生出来的特殊的、综合性产业。（杨宏，2006）

（3）养老产业是为老年人提供产品或劳务，满足老年人口衣食住行等各方面需求的各种行业、部门的统称，是跨行业、跨部门的综合产业群，不是一个独立的产业部门。（陆杰华，2002）

养老产业概念的界定方面，比较有代表性的观点是：为老年人口提供产品或劳务、满足老年人口衣食住行用等各方面需求的各种行业，包括生产、经营和服务三方面。

养老产业是指全社会为老年人生产和提供物质生活资料、精神文化资料或服务等产品的企业或行业的集成或集合。它与其他专门生产某类产品或提供某类服务产品的行业性产业不同，它涵盖的产品种类众多，包含的行业门类齐全，换言之，它不是一个独立的产业部门，而是跨行业、部门的综合产业群。（陆杰华，2002）它不以产品或行业作为划分产业的依据和标准，而是以产品消费对象的指向性类群作为界定产业的依据和标准。

养老产业是将养老作为一个产业予以开发，促进养老产业的社会化、集约化、商业化和多元化，从而实现社会养老的目标和人口的可持续发展。

在老龄化程度较高的日本，养老产业已经形成一个完整的产业链，涵盖了六大方面：老年住宅产业（收费型老年人公寓、老年人集体住宅、昼夜看护服务旅馆等）；老年金融产业（终身险、看护险、特殊医疗保险、养老金代管等）；家政服务产业（家务、保健护理、登门洗澡等）；福利器械用品产业（疗养床、轮椅、拐杖、多功能便池等）；文化生活服务产业（老年人旅行、老年人大学、体健等）；其他产业（老年人生活用品开发、销售）。

据美国市场调查公司 FIND/SVP 的调查，2010 年美国健身器材市场销售规模达到 36.7 亿美元，而过去 5 年，适合 55 岁以上老年人使用、符合低负荷健身运动需要、以锻炼心肺功能为主的健身器材年平均复合增长超过 20%，在总销售额中占据了 21.5% 的份额。从中国学者的研究中可以看出，目前中国的养老产业尚未有清晰的体系界定，当前我国的养老产业刚刚起步。从全国范围来讲，养老产业的各个领域发展并非均衡，例如台恩普（2005）的调查表明，目前各省市的养老产业发展较快也最好的是养老机构，其次为养老服务、护理照料，再次为老年人产品、老年旅游、房地产、金融保险等。（见表13.1）

表 13.1　养老产业体系的领域与内容

领　　域	主　要　内　容
食品行业	老年农副产品
卫生健康服务业	药品、医疗器械、保健品、老年人常用辅助医疗设备
家政服务业	家庭护理、日常家庭照顾、家居改造以及各种用品修理

续上表

领　域	主要内容
养老服务业	居家服务、社会机构服务、志愿服务、老年文娱服务、老年劳务服务
日常用品业	服装、饮食、餐具、防滑器
特殊及辅助用品业	特殊用床、浴盆、尿袋；助听器、老花镜、假牙等
体育用品业	健身器械、体育用品等
保险业	人身保险、健康保险、养老保险
金融业	储蓄计划、证券投资规划等
房地产业	老年公寓、托老所、护理医院等
旅游和娱乐业	旅游陪同人员、棋牌社、旅游服务等
教育产业	老年大学、老年职业培训、老年职业介绍所
咨询服务业	心理咨询、婚姻介绍所、陪护等
基础设施业	老年房地产（老年公寓、托老所、护理医院等）、护理设施等
其他特殊产业	文化消费品、老年特殊需要品等

三、我国养老产业需求的现况

1. 老年食品

随着生活精细化水平的提高，老年人由于生理特点和生活环境的变化，膳食结构也相应地发生改变，因此老年人相对其他年龄层的人来说，对食品的要求更高、更科学。社会为老年人提供的照顾亦须更加周全，日常饮食方面，有专门为老年人所用的食品，如老年麦片、奶粉、豆奶等，以及适合老年人的保健食品与保健酒。

中国老年学会老年营养与食品专业委员会副主任委员赵春山曾指出，我国老年群体每年的消费潜力达到3000亿元以上，其中老年食品约占老年消费的1/3，然而与发达国家相比，我国的老年食品产业还很落后，老年食品市场也不成熟，还没有形成专业的老年食品工业体系。

2. 生活用品

随着年龄的增长，老年人不再追求奢侈高端的消费品，而是回归日常消费品。由于生理功能的衰退，老年人使用的物品也需要专门设计以及考虑到老年人的特定需求，包括服饰、家具、家用电器、保健用品、娱乐用品、装饰品等。

3. 养老服务与设施

结合日、美、英等多国经验，养老服务是养老产业中发展最快的行业之一。其中重点的服务内容包括养老护理、保健服务、老年医疗产品、康复器械、专业家具及设施等。国家老龄办的数据显示，养老服务市场需求在3万亿元人民币以上，在解决上千万劳动力就业机会的同时，正催生出一个潜力极大的国内老年消费市场。

在护理方面，按照国家统计局2002年发布的有关资料，我国老年人口的失能率约为8.81%（中国老龄科研中心2006年追踪调查得出的数据则高出14%），在普通衣食住行需求之外，老年人快速增长的养老需求是对医疗、看护以及精细护理的需求。统计数据显示，75岁以上人群对护理的需求是60～75岁人群的2倍，是普通人群的3倍，相较于其他养老需求的可选择消费属性，护理尤其是专业化的长期护理需求消费是刚性的。以上海为例，假设给半自理状态的老年人每天提供5小时护理服务，给完全不能自理的老年人每天提供15小时护理服务来估算，目前上海市的老年护理服务每天就有222万小时的需求，到2040年，老年长期护理服务每天的需求总量则将达到670万小时。

当人们逐渐老去，身体机能快速下降，生病的概率快速提升，据相关数据统计，老年人的平均医药卫生费用支出是其他人口平均数的6～7倍。根据老年人发病率统计，我国老年人易患的疾病为肿瘤、高血压与冠心病、慢性支气管炎与肺炎等。随着生活水平的提高，人们的日常保健意识提高，带动医疗器械的需求增加，因此对治疗心血管疾病、抗肿瘤药品、呼吸系统药品、体检和器械类的需求提升。

未来医疗资源将有近50%的比例用于老年人口，这种变化是对有限医疗资源在配置选择上的一个大挑战。有学者预测到2050年，人口因素变化将会导致门诊及住院费用分别增长到2000年的1.5倍和1.6倍，其中人口老龄化的影响将导致门诊及住院费用分别增长到2000年的1.3倍和1.4倍。但是，我国医疗卫生事业的改革和发展却难以适应这个形势。我国公共卫生支出占整个GDP的比重为0.9%，而世界平均水平是4%，在一些发达国家，这个比例更高达40%。

统计数据显示，2010—2030年，我国养老产业从业人员将从2000万激增到7800万人，提高就业率约2%以上。如果按老年人口与护理员3∶1的比例配备，仅此一项就能增加就业岗位1000万个。以上海为例，假设上海老年人口的长期护理服务完全实现市场化，以护理费为每小时7元计算，长期护理的年产值将超过56亿元，到2040年则将超过171亿元。护理行业需要千万个专兼职护理员，再加上养老服务业涉及的生理理疗师、营养师、心理治疗师、社会工作者等，这些岗位如果得到充分挖掘，将有效缓解当前的就业压力。由此可见，养老产业具有产业链长、涉及领域广等特点，并对上下游产业具有带动效应。预计未来20年，我国养老产业规模有望达到20万亿元以上，对GDP的拉动作用将十分明显。

4. 老年人娱乐、文化和教育

大多数老年人的娱乐方式缺乏，只有看电视、听广播、打麻将、打牌、下棋、逛公园等娱乐活动；在教育方面，老年人爱好很多，如打太极、书画、乐器等，目前市场上能够提供给老年人的学习渠道非常有限。实际上，越来越多的老年人开始关注自身的生活质量和心理健康，他们学习书法、美术、外语等各种知识，不断充实自己。老年人文化产业主要包括出版社、各涉老文艺专业演出团体、基层文化设施、影视音像出品单位、专场演出及大众传媒的涉老栏目、节目、专版等；老年教育产业主要包括各级、各类老年人大学、老干部大学，各专业培训机构、网络教育、远程教育体系，各专门培训班，等等。因此，应大力发展符合老年人需求特点的文化娱乐服务，增加他们参与社会发展的机会，让他们老有所乐、老有所为。

5. 老年旅游

来自国家计生委的数字表明，60岁以上的老年旅游者将从"十一五"期间的每年增长480万提高到"十二五"期间的每年增长800万，到2015年旅游的老年人口总数将突破2亿，到2025年将超过3亿，未来老年旅游服务发展规模巨大。

6. 老年心理需求

有调查显示，28%的老年人有明显的忧郁、自卑等心理问题，从而影响了老年人的身体健康和生活质量。老年人受传统思维方式、价值观念的限制，在心理上总是得不到满足，因而影响了身体健康。

老年人出现情感困惑的情况也时有发生，而部分高收入、高学历老年人的精神慰藉需求尤其旺盛。但是，依靠宗教排遣内心孤独和寻求沟通机会的老年人在增多，而寻求心理医生帮助的却是少数，目前进行心理咨询的老年人只有10%左右。

四、养老产业的供给

老年人虽然对养老产品有不同程度的需要,但不一定会形成需求,养老产品市场也不一定能形成。

养老产业的供给性质具有双重性,福利性和微利性是养老产业的显著特征,也是与其他产业的主要区别。有学者认为在社会主义市场经济条件下,要促进养老产业的健康、稳定、持续发展,必须既强调它的福利性,又要保持它的微利性(冯长荣,2001;张智敏、唐昌海,2001;程勇,2009)。又有学者认为,由于老年人群在社会中处于相对弱势的地位,决定了养老产业是一个带有公共性、福利性的领域(李本公,2004)。

从产品供给性质来看,李洁明认为,政府应从竞争性和非竞争性角度将养老产业进行分类,根据老年产品的市场属性,将之划分为"公共物品""私人物品"和"准公共品"。养老产品应该主要指养老产业部门所提供的产品,这类产品主要是为老年人所消费或为老服务。简单说,公共物品是指由财政和民政等部门免费给老年人提供的为老服务;准公共品是指老年人以低于市场价格获得的由特定组织或团体提供的服务;私人物品是指老年人按照市场价格获得的产品和服务。一般而言,发展养老产业主要在于鼓励市场提供更多的养老私人物品,因此,需认同养老产业的性质,一定程度上弱化养老产品的福利性,刺激更多商业资本介入养老产业领域,促成养老产业规模化发展。公共物品和准公共品由公办养老机构或社会特定组织提供,在养老产业发展过程中,不能过多地增加这两类产品。

五、国际社会如何推动养老产业供需

由于养老产业关系到退休人口的消费,而他们很大程度上依赖公共开支,所以很多国家没有完全依赖市场来发展养老产业。

反之，各国政府都有不同程度的扶持，见表 13.2。

表 13.2　国外养老产业发展政策

项目类型	国家及其政策
财政支持	**德国** 　　2035 年德国 50 岁以上的人口将超过全国人口的一半。德国政府决定，从联邦预算中划出 400 万欧元来扶持科研机构、企业、老年人协会和消费者协会，以尽快催生德国的养老产业，力争使德国成为世界养老产业的"领跑者"。 　　德国北威州政府对该州 5000 多户老年人家庭的调查表明，老年人家庭的平均月可支配收入为 2550 欧元，87% 的老年人家庭可支配现金为 12750 欧元，15% 的老年人家庭可支配现金为 5 万欧元以上，62% 的老年人家庭有房地产。积极发展养老产业，至少可给该州带来 10 万个就业岗位。
养老机构鼓励政策	**日本** 　　1970 年日本进入老龄化社会，政府对民营机构养老从允许到放开，再到扶持。政府将老年福利事业定位为"以低收入阶层为主要对象，提供民间企业不愿涉足、市场机制无法充分供给的必要的服务"，老年人的大部分需求则尽量通过市场机制来解决。 　　（1）准入制度：1974 年，厚生省公布了《民营养老院设置和运营指导方针》，对民营养老机构的属性、设施标准、人员配置、服务标准等作了规定。 　　（2）金融贷款支持：目前，养老机构不论是福利性还是营利性，只要入住人数达到一定的规模（一般在 50 人以上）并符合《民营养老院设置和运营指导方针》的基本要求，均可享受政府金融的长期低息贷款。所不同的是，营利性养老机构的贷款额度一般为最低注册资金的 30%～70%，年息为 2.5%，而福利性养老机构的贷款额度虽略高于前者（70%～80%），但年息也较高（2.5%～3.5%）。这主要是因为营利性法人必须纳税，所以在贷款利率方面享有更大的优惠。 　　（3）行业管理标准：随着老年人口规模和购买力的不断上升，相关商品和服务日益增多。但养老机构良莠不齐、劣质商品鱼目混珠，老年人利益受到损害的事件屡屡发生。为建立市场规范和行业标准，配套扶持措施，以保障老年人权

续上表

项目类型	国家及其政策
养老机构鼓励政策	益,同时推动老年福利社会化和产业化,日本政府主要采取了以下相关措施: 1)指导制定了《老龄商务伦理大纲》,以加强行业和企业的自律。进入20世纪80年代后,日本老年人口的规模和购买力都不断上升,需求日渐明朗,相关商品和服务种类日益增多,厚生省成立了"老龄产业室",老龄商品和服务的供应商则在厚生省和通产省指导下成立了"老龄商务发展协会",通产省作为政府经济主管部门,开始关注老龄市场和老龄产业的发展。 2)指导建立了《银色标志制度》,成立了由消费者、产商代表及学者等组成的"银色标志认证委员会",对符合条件的养老机构、产品和服务及其厂商等进行认证并公之于众。 3)指导建立了民营养老机构协会,下设基金会,以备成员机构倒闭时对入住老年人进行补偿和救济。
金融保险	**日本** "倒按揭"被认为是日本这个高龄化社会不可欠缺的金融产品。日本2006年通过《骨太方针2006》,把倒按揭同生活保障制度相结合,鼓励高龄者先采用倒按揭方式融资,在仍然无法维持生计时才切换到生活保护制度中。现在日本融资机构根据现实需求,以"老后安心信托""充实人生"等名称推出了该类产品。
住房	**日本** 1972年起,扩建老年人专用居室可优先获得贷款支持,凡与60岁以上老年人同住的可享受优于普通住宅的规模。 入住日本的老年人院、智障老年人之家的费用,除酌情收取赡养义务人的部分费用外,其余都由政府补贴。1986年公布了《长寿社会对策大纲》,从住宅、建筑和城市三个方面开展工作。《长寿社会对应住宅设计指针》的草案于1992年3月颁布,于1995年6月施行。为推进老年人住宅的发展和居住环境无障碍化,1994年实行了《中心建筑法》,1995年制定了《高龄化社会对策大纲》,鼓励在社区建立官

续上表

项目类型	国家及其政策
住房	办、民办养老服务机构。 2000 年起公布实行了《无障碍交通法》以及《老年人居住法》等，对老年住宅进一步强化重视。2011 年 4 月颁布了《确保高龄安全居住相关法律调整案》，由国土交通省和厚生劳动省共同管理借护老年人住宅的建设。与护理、医疗部门一同创设"服务型高龄者住宅"的登记制度，对此类住宅提供特别税制、低息贷款及补助等优惠政策。 在倡导改建节能环保住宅的同时，对无障碍设施住宅的改建提供补贴，以满足高龄者对特殊住宅的需求。具体包括： （1）财政补贴。根据《高龄者居住稳定化推进事业》，2012 年预算金额 355 亿日元，2013 年预算金额 355 亿日元，对新设立的"服务高龄人士住宅"的建设、维修费用，尤其是对民间事业者、医疗法人及社会福利法人、NPO 等直接进行补助。补助额：建筑费的 1/10；修复费用的 1/3。 （2）税收减免。对服务高龄人士住宅的供给实行所得税、法人税、附加折旧和固定资产税、房产所得税减免政策，促进《特例期限的延长 2 年之前的期限（2014 年底为止）》。 **美国** 住房和城市发展部（United States Department of Housing and Urban Development，HUD）"可负担住房"补贴政策。 202 支持型老年住宅项目——老年住宅无息贷款：私营的、非营利机构提供给低收入老年人的廉价房屋，能够在建造、修复或收购时获得 HUD 的无息贷款。如果连续 40 年将房屋用于老年服务，则不用偿还 HUD 提供的贷款。除营利性机构外，其他机构也可申请 202 项目贷款，国家项目可以获得最高 25000 美元的贷款，其他营利性机构可获得的最高贷款额为 10000 美元。 负责单位：美国联邦政府的保障性住房管理部门是住房和城市发展部。美国在州和地方政府分别成立公共房屋管理局（Public Housing Administration，PHA），具体负责各地公共住房的建设、管理和补贴发放。HUD 也下设联邦住房管理局（Federal Housing Administration，FHA），主要职能是为中低收入家庭提供住房抵押贷款担保。自从 1934 年成立以

续上表

项目类型	国家及其政策
住房	来，FHA 一共为 3400 万私人住房提供了房屋贷款保险。它和租房补贴一起，构成了 HUD "可负担住房"政策的核心。 　　贷款对象选择标准：长期性（15%）；申请人财力状况（25%）；地区低收入人群需求状况（20%）；项目可行性（15%）；项目支援性服务（20%）。 **英国** 　　（1）商品化兼福利政策的住房保障。在 1969 年，英国住房建设部就制定了《老年居住建筑分类标准》，并完全采纳 1986 年国际慈善机构制定的老年住宅分类标准。英国采取商品化兼福利政策的住房保障形式，将老年住宅纳入社会福利保障体系。为鼓励居家养老，政府对在家居住并接受亲属照顾的老年人发放与住院等额的津贴，从事居家服务的工作人员既有政府雇用的，也有社区中的自愿服务人员，他们的服务本身不收费或收费很低。家庭照顾就是政府为使老年人在家就能得到供养而采取的一种政策措施。同时，医疗机构还与社区相结合，专门配备老年人健康访问员，负责并探视各个社区的老年人。 　　（2）住房改善计划。英国的住房改善机构 Home Improvement Agencies（HIA），是由国家政府和地方政府提供支持的一所非营利性的机构。该机构对老年人（尤其是一些失能残疾者或有其他障碍的老年人）提供关于更好地适应住宅生活的建议、支持和帮助。他们帮助老年人维修、改善和维护房屋，以使老年人能更好地满足需求的变化。该项服务的目的是使老年人在自己家里保持自我独立，感到温暖和安全。为了评估老年人的需求，HIA 的工作人员将会进行入户访问，并且提供相关信息、建议和支持，主要包括：财产问题、房屋选择问题、合法权利及其他可实现的服务支持等。HIA 还会给予老年人有关财政选择的建议，提供实质上的资金援助，包括获得独立的财政建议，使用慈善基金的情况，特定的选择对利益享有权的影响，保险理赔和储蓄存款，等等。另外，HIA 将提供值得信赖的技术建议，包括帮助选择出色和值得信赖的建筑者监管建筑方的执行情况，签署合适的协议和文件，等等。

续上表

项目类型	国家及其政策
住房	**德国** （1）住房补助和贷款优惠。社会住宅体系里的老年住宅，内部多为无障碍设计，政府对老年人住房采取补贴措施。在生活援助方面，老年住宅房产主与民间福利团体签订提供服务的合同。该合同可成为房产主获得建设资金贷款的融资条件。养老院体系里的老年住宅是一种接近住宅形式的养老院。在规划上，设计者将社会体系的老年住宅和养老院毗邻建设，以便在设置服务网点和急救站时，两者能共用。 （2）多代屋互助模式。为解决老龄化问题，帮助老年人生活，开发老年人潜力，促进代际交流，德国社会团体和地方政府在近年探索出包括多代屋在内的多种互助模式。在北威州的迪尔门有一种全新的合住形式，不同年龄和家庭的人真正生活在同一个屋檐下。大家按照预先约定的规则共同使用厨房、浴室、兴趣室和会客厅，分别承担起打扫卫生、收拾房间、照看老年人和儿童等不同义务。2000年后，它作为建筑项目得到开发。类似的合住形式在其他地方也纷纷涌现：科隆、柏林有老年和青年的"合住屋"，慕尼黑和肯普滕有"一体屋"，勒尔拉赫有"青年和老年的生活空间"，等等。 **瑞典** 瑞典住房政策以扶助老年人独立生活为目标，同时尽最大努力满足老年人长期居住在一个他们熟悉的地方和环境中的意愿。老年人居住建筑模式主要有： （1）普通住宅。瑞典88%的老年人拥有自己的私宅或租房。这与该国老年人有较强的经济能力相关。居住普通住宅的老年人由社会福利委员会提供看护、帮助和其他服务。 （2）年老者专用公寓。是设立在普通公寓中的老年人专用住宅单元，室内设备为适应老年人专用而设计，还配备管理人员，老年人生活可依靠社会服务机构上门服务。 （3）服务住宅和家庭旅馆。内设多套居住单元，每套单元都有厨房、浴室，住宅内还有公共食堂，老年人可集体用餐，设医务室和各种报警系统。 （4）老年人之家类住宅。典型的单元是一个单人房间，带一个盥洗室。许多还建有公共餐厅、公共休息室、图书馆

续上表

项目类型	国家及其政策
住房	和健身房。在20世纪六七十年代，老年人之家曾大量发展，但居室多为双人间甚至多人间。 （5）公立养老院、老年人慢性病房。原有的老年人慢性病房以医疗为目的，1979年后，出现由地方政府提供的、以康复为中心的单人房化的新型慢性病房。 **新加坡** 组屋制度。新加坡的中央公积金制度覆盖到每一个公民和永久居民，而且执行的标准完全统一，在强大的公积金规模的支持下，政府可以为每个中低收入家庭提供一套组屋，并在组屋社区建立社区养老服务体系，这成为中低收入家庭的重要养老保障之一。 **韩国** 公共保障住房制度。韩国的公共保障住房有两种：小型商品住房和公共租赁住房。小型商品住房是针对具有一定购买能力的中低收入居民而建设的公共住房，这种房屋的面积在60平方米以下；公共租赁住房是由中央政府或地方政府用财政预算或国民住宅基金而建设的租赁住房。 公共租赁住房包括三种类型：永久租赁房、公营租赁房和国民租赁房。其中，永久租赁房是专门针对最低收入阶层而建造的非营利性住房，建设资金大部分来源于财政资金，小部分来源于入住居民的租房保证金；公营租赁房和国民租赁房供给对象仅限于中低收入者，资格审查制度非常严格，建设资金来源于政府财政、住宅基金和入住人保证金及租金。公共租赁住房的租赁期一般为5～50年，租赁期满后卖给租住者。国民租赁房是目前韩国公共租赁住房的主要类型，面向前一年收入不到城市居民家庭月平均收入50%～70%的无房者，而且求租对象是住房认购储蓄户，公共租赁住房的租赁期为30年。 公共保障住房制度在韩国实施以来，不仅极大地保障了韩国居民的住房需求，最大限度地缓解了居民住宅的供求矛盾，而且促使国内房价水平逐步走向平稳，极大地遏制了住宅市场的投机泡沫。 公共保障住房形式多样，包括：

续上表

项目类型	国家及其政策
住房	（1）住房租金补贴。韩国的基本生活保障法规定，当地政府应给予收入低于最低生活费用标准的家庭一定的住房补贴。 （2）低息租金贷款。承租人在签订租赁合同时需向出租者支付押金，相当于住房价格的50%～70%，这部分押金在租赁期结束时返还给承租人。为了稳定房地产市场和减轻低收入承租人的住房负担，自1997年金融危机之后，韩国国民住宅基金针对低收入承租人推出了两种租房押金贷款：一是面向城市低收入家庭的押金贷款。持有当地政府开具的证明文件的城市低收入家庭，可以获得年利率仅为3%、贷款额一般不超1000万韩元（约9000美元）的押金贷款。二是面向无房的低收入劳工的押金贷款。年收入低于3000万韩元的劳工可以获得年利率为7.7%～9%、相当于租房押金50%的贷款。 （3）低息购房贷款。韩国政府针对购买小型住房的低收入无房家庭，给予多方面的低息购房贷款支持。对于年收入低于3000万韩元或27000美元的无房家庭，在购买85平方米以下的公共租赁房屋或二手住房时，可以申请年利率为7.75%～9%、总额不超过6000万韩元的贷款；在购买85平方米以下的新建住房时，可以获得年利率为8.5%、总额3000万～5000万韩元的住房贷款；如果购买60平方米以下的住房，则可获得年利率为8.5%、相当于全部房价70%的贷款。 （4）税收优惠。低收入无房家庭在购买小型住房时还能获得相关的税收优惠，购买低于40平方米住房的低收入无房家庭，可免缴住房购置税和交易登记税；购买40～60平方米住房的低收入无房家庭，可减半征收住房购置税和交易登记税。此外，低收入家庭如果使用住房储蓄购买住房，还可以减少40%的住房购置税和交易登记税。
产品与用品	**日本** 20世纪90年代，为培育老龄市场，理顺供需关系，有重点地引导老龄产业各领域的发展，日本政府采取了以下措施：

续上表

项目类型	国家及其政策
产品与用品	（1）确定政府主管部门：厚生省成立了"银色服务指导室"，配备了"银色服务指导员"；通产省成立了"福祉用具产业室"。 （2）国会通过了《促进福利用具器具机械研究、开发和使用的法律》，规定：①发挥制造业优势，促进老年用产品的研发和使用，并建立有效的供给机制；②由中央政府为民间企业的研发活动提供技术指导和资金补助；③地方政府需设置行政窗口，为老年人和残疾人提供产品信息和咨询服务；④在中心城市设置常年性的"福利用具器具机械展览馆"，展示相关产品，以促进老年人更多地使用相关产品。 **新加坡** 推出"银发社区试验床计划"，以鼓励企业、研究机构研发出更多适合老年人使用的产品。由新加坡科技研究局，新加坡活跃乐龄理事会，建屋发展局，青体部，新加坡标准、生产力与创新局和商界代表组成的评估小组将负责对每一项申请进行评估。评估内容包括产品的详细介绍、产品的实用性、产品的维修、测试的时间，以及一旦测试成功，该公司或研究机构今后的商业策略，等等，以决定该项产品能否获得资助。 据介绍，有关政府部门还选出10个老年人家庭参与该计划。无论是在研发中的样本或是已经推出的产品，只要适合老年人使用，公司企业、研究机构均可以申请政府基金，在这些老年人家中测试这些新产品，以取得老年人对产品的评价。
教育培训	**美国** 美国为老年人教育提供了多元化的途径，包括以高中、高职、大专院校、成人学校、技术学院和独立教育组织等为主的老年人教育机构；以社区中心、老年人中心、地区性老年人组织、教堂、博物馆、公共图书馆等为主的社区老年人教育机构；以付费补习班、私人家教班、全国性自愿组织、地方政府教育部门、工会、专业联盟以及企业组织为主的其他类老年人教育机构。美国《高等教育法》《高等教育资源

续上表

项目类型	国家及其政策
教育培训	及学生资助法》《成人教育法》等保障并鼓励老年人参与教育活动。美国老年人教育的目标，已由早期的解决社会问题，演变为帮助老年人自立自助并发挥其能力去参与社会服务。 **英国** 　　英国的老年教育开始较早，发展也比较完善，具备丰富的教育资源和多种教育渠道。英国成立了著名的开放大学（Open University of United Kingdom，又称公开大学、空中大学）。据统计，开放大学有 1/5 的学生年龄在 50 岁以上。开放大学在入学资格、上课时间、修读课程、学习方式等方面充分考虑到老年人的特点，对老年人没有任何限制，且收费低廉，自由度较高，这些都有利于老年人继续接受教育。英国第三龄大学（University of 3rd Age，简称 U3A）对全球老年教育有着极为重要的影响。它是一种自主自助型的教育模式，是老年人自发成立、组织和分享的志愿者团体。 　　英国除了一些老年大学以外，还有许多民间的老年人教育机构和组织。一是伦敦的路易森技术中心。该技术中心在"路易森关怀老年人协会"策划下于 1984 年设立。路易森技术中心坐落于伦敦南区一条热闹的街上。平日里该中心经常可见老少聚集一堂，在从事各种工艺活动，有编织毛衣、裁剪缝纫衣裳，也有从事木工、陶艺、制作玩具等，不一而足。课程设计的目的是发挥老年人的特长，将该地区老年人的手工艺技巧教给年轻一代，使 13～17 岁的青少年能在非正式的气氛下有机会学习年老年人的技巧及经验。二是苏格兰格拉斯哥地区的自助教育组织。"退休后机会"是苏格兰格拉斯哥地区的一群退休老年人自发组织的一个自助性教育团体的名称。该团体的成员约有 1000 人，占该地区 60 岁以上老年人口的 1/10。在此团体创设初期，部分经费曾获得地方社区教育服务部门的资助。同时获得当地一所中学免费提供办公及会议场地。会员也须交纳会费但数额相当低，仅 1 英镑。该团体除了获得地方政府的资助外，还获得许多大型工商企业的赞助，使其得以顺利开展各项课程活动。该团体

续上表

项目类型	国家及其政策
教育培训	下设不同的分支团体,有文化性质的,有运动消遣性质的,也有实用性质的。团体开设的活动课程,包括音乐、电脑、电器、家族史、游泳等,还包括戏剧、慢跑、健行、与中学生联谊等。三是格拉斯哥巴兰纳"五十岁以上团体"。"五十岁以上团体"是由苏格兰社区教育委员会及关怀老年人团体联合组织的。它由苏格兰社区教育委员会提供经费支持。"五十岁以上团体"的课程活动旨在满足老年人本身主动参与意愿的需求,以及老年人人际接触的需要。该团体的成员年龄平均为65～70岁,最年长的成员甚至在80岁以上。不过,所有成员均为女性。"五十岁以上团体"所开设的课程以健身类为主,如网球、乒乓球、掷箭、手球等。除此之外,还促成一些成员选读英国开放大学开设的"退休计划"社区教育课程,课程内容除了包括饮食营养、保健外,还包括个人理财、老年人照料等。 **德国** 　　德国老年教育是随着联邦德国福利制度的建立而产生的,联邦德国成为福利国家后,一系列社会保障法律条款的出台,为老年教育提供法律和制度依据,其经济发展奇迹也为老年教育奠定了物质基础。直到现在,德国老年教育仍然具有明显的福利性质,政府为其提供了极大的经费资助。德国的很多大学都有老年大学生,柏林高校内50岁以上旁听生的人数在过去的五年中增长了五倍,目前有1200多名老年人注册为旁听生并缴付费用,从而可以在柏林各大高校的课堂上听课,他们中的大多数对神学、哲学、外语、历史或者心理学专业感兴趣。许多老年大学生不是以职业生涯为目的,而是为了保持脑力健康以及与社会接轨。 　　老年人经过新的知识洗礼之后,为其回归社会、发挥余热、实现老有所为提供条件。更为重要的是,学习不仅是一个增进知识、提升精神的过程,更是老年人与社会接触交流的机会。同龄沟通、同伴分享,对老年人来说是非常重要的。发展老年教育,其实是让老年人重新进入多维的社会关系网络,从而远离孤独感,获得集体感和归属感。

续上表

项目类型	国家及其政策
教育培训	**瑞典** 　　政府为了满足老年人的学习愿望，决定取消普通大学入学的年龄限制，将老年教育与正规教育融为一体，全国所有的大学都对老年人开放。据统计，斯德哥尔摩大学1976年的在校学生中，55岁以上的学生占20%，这些老年学生中，领养老金的人占一半。 　　瑞典的广播和电视教育除为老年人制作播放特别节目外，还在一般内容的播放时间内按照老年人的生活规律另外补播。瑞典的国立图书馆为老年读者送书上门，并调查老年人的阅读意向，编制老年人爱读的图书目录供老年人选择参考。偏僻地区则由流动图书馆为老年读者服务。 **新加坡** 　　为更好地解决人口老龄化带来的涉及政治、经济、文化等各方面的问题，新加坡认为"'活跃乐龄'对人口老龄化的新加坡继续保持活力至关重要"，不仅将"活跃乐龄"作为一种提高老年人生活质量的理念在全国推广，而且通过对终身学习思想的广泛传播，使乐龄人士不断视学习为"活跃乐龄"生活的重要组成部分。 　　实施乐龄教育的主要策略： 　　（1）扩展教育对象，实施乐龄准备教育。优质的文化生活可以活跃乐龄生活，新加坡于2004年批准成立的老年书法大学（简称"书大"）被认为是东南亚首家老年书法大学，其特色是面向国内外40岁以上的人士招生，国外包括中国、马来西亚、印度尼西亚等地。 　　（2）创设快乐学堂。快乐学堂为50岁以上、懂简单华语的乐龄人士推出为期4个月的100小时终身学习证书课程。学堂老师都是经过认证的辅导员或社会工作者。 　　（3）以终身学习为理念，开展GSP合作项目。为使乐龄人士也能够进入大学学习，取得相应的证书、文凭或学士学位，C3A于2007年8月27日与新加坡新跃大学（SIM University，UNISIM）在"终身学习"的理念下制定"通识教育计划"（General Studies Programme，GSP）合作项目。

续上表

项目类型	国家及其政策
教育培训	（4）依托社区，创设第三龄学院（AAA）与黄金乐龄学院（GAC）。在 MCYS 和 C3A 的支持下，新加坡飞跃社区服务中心分别于 2008 年和 2010 年成立飞跃乐龄学院和黄金乐龄学院。AAA 被认为是新加坡"第一所第三龄学院"，其为讲华语的乐龄人士提供为期 6 个月的双重证书课程。而 GAC 是新加坡第一所为讲英语、希望获得与社会服务和个人发展相联系的新知识与新技能的乐龄人士提供证书课程的学院。 **韩国** 　　韩国政府积极组织各种老年人志愿者活动，开设老年人终身学习课程，还尽量创造各种适合老年人工作的职位。截至 2007 年底，韩国政府为 65 岁以上老年人创造了 11 万个工作岗位，还计划每年再增加 1 万个这样的就业岗位。此外，政府还积极鼓励民间企业为老年人多提供工作岗位。 　　在韩国开办老年教育具有很大的自由度和灵活性。任何对老年教育感兴趣的组织或个人都可以通过制定政策、选择教师教材、制定时间表等步骤开展老年教育，没有法律上的约束，也没有对教学地点、设备的限制，老年教育机构的名称也比较灵活，如老年学校、敬老大学、终生教育院、祖母学校、长寿学校等。根据开办老年学校组织机构的不同，韩国的老年学校可以分为以下三类： 　　（1）老年组织开办的老年学校。像韩国成人教育协会、大韩老年会和红十字会等机构开办的老年学校。 　　（2）社会服务机构开办的老年学校。像青年中心、韩国妇女福利协会、基督教青年会、基督教、女青年会、新村服务组织等机构开办的老年学校。 　　（3）宗教团体开办的老年学校。像佛教、基督教、罗马天主教等组织开办的老年学校。
媒体产业	**英国** 　　在英国，年过半百的上网者被称作"银色冲浪者"。据统计显示，"银色冲浪者"已经成为英国数量增长最快的互联网使用群体，占上网者总数的 1/4。英国一家名为"千年"的成年人市场调查机构发现，大多数老年互联网使用者的网

续上表

项目类型	国家及其政策
媒体产业	龄至少为 2 年。而在这群"银色冲浪者"中，14%的人超过 70 岁。根据"千年"机构对 1 万多名"银色冲浪者"的调查，其中 58%的人使用宽带网，8%的人自称自学上网。"千年"机构成员菲奥娜·豪特说，"银色冲浪者"现在已经形成巨大市场，这些老年互联网使用者已经把网络从年轻一代手中抢过来。豪特说，50 岁以上的老年人以往被视为"对技术恐惧的一代"，但他们占有全国个人财富的 80%和消费开支的 40%，这使他们成为互联网市场上实力最强的消费群体。很多老年人接触网络都是从一些简单的小游戏开始的，然而，当小游戏慢慢地变成网络游戏时，他们便开始了自己的网络生涯。通过网络，老年人获得了更多的生活信息，通过学习使用电子邮件，可以和自己远在其他城市的子女方便地交流，也为独自生活的老年人增添了不少亲情色彩，使他们的生活更加充实、自信。一些企业也在帮助老年人"触网"，他们希望通过网站和专业指导书籍，帮助这些孤独寂寞的老年人迅速掌握上网技巧，从而可以和他们的家人共同分享乐趣。网络也帮助老年人与年轻人建立起了一座沟通的桥梁。
悠闲文化产业	**英国** 　　西方近年来纷纷掀起了老年模特热潮，这也大大丰富了老年人的晚年生活。 　　英国的百年老店玛莎百货公司就率先选择了 78 岁的霍诺尔·布莱克曼做形象代表，这一选择显示了人们打破年龄障碍的决心。同时，这也显示了英国老年人无处不在的自信。晚年被比喻为夕阳，但夕阳的绚烂同样让人心醉。 **德国** 　　在政府重新认识老龄群体的同时，一些有远见的企业也开始重视老龄群体的需求。如专门生产婴儿食品的美乐宝（MILUPA）借助其婴儿食品"易消化、易吸收"的技术，开始生产老年人食品；方便老年人使用的易开门、带座的浴缸；大键盘、带急救呼键的手机；专为老年人设计的旅游团；针对老龄群体的超市等也相继出现。德国弗劳恩霍夫协

续上表

项目类型	国家及其政策
悠闲文化产业	会下属的自动化研究所还介绍了正在研制的"保姆机器人"。其形状像台小冰箱,已学会取送饮料、饼干、吸尘等技能,还要学习浇花、用微波炉、使用抹布等家务活,它还能帮助老年人行走,以增强老年人独立生活的能力。帮助老年人学会享受积极、健康的休闲生活,是一个重要的系统工程。适当开展休闲活动,可以帮助老年人找到人生最后阶段的生命乐趣。德国企业在开发老年休闲产业时,以"全身性理论""激发理论""年龄竞争模型""决策理论"等为理论基础,接受老年人的各种资讯和建议,为他们提供满足他们要求的严密的活动计划,将锻炼与休闲娱乐很好地结合在一起。这些企业不仅提供休闲活动机会的场所,还提供相关的指导课程,使活动更加有趣,让老年人在这些活动中发现自我,产生参与休闲运动的兴趣。
旅游	**日本** 　　"银发星"制度。老年人退休后时间充裕了,可以自由支配时间,据调查,许多老年人都有出去参观旅游的想法,但是苦于出行的不便,很多时候只能放弃。针对这种情形,日本全国旅馆生活卫生行会联合会(简称"全旅联")推出了旅游设施"银发星"制度。向"全旅联"申请认证的旅馆和饭店在设备、服务、餐饮等方面都必须达到一定标准,能为老年人提供优质便利服务。例如,住宿设施要获得"银发星"认证,浴室和厕所必须配扶手、坡道或椅子,必须提供适合老年人的菜肴,必须给65岁以上的老年人价格优惠,从业人员应受过接待老年人的专门培训,周边还应有医生能出诊的医疗设施。 **英国** 　　英国的旅游产业非常发达,英国人很善于对旅游资源中的文化因素进行开发和利用,使英国变成一个旅游资源的富有之国。旅游业是英国最重要的经济部门之一,年产值700多亿英镑,旅游收入占世界旅游收入的5%左右,在世界旅游大国中位居第五。而在英国旅游产业中,专门为老年人设计的旅游项目也在飞速发展着。近来,英国众多的社区兴起

续上表

项目类型	国家及其政策
旅游	了一项新的旅游项目——"老年人与经典文学旅游"，此举吸引了数以万计的老年人前来参加，推动了英国老年旅游产业的发展，为英国的老龄事业注入了新的活力。近来，英国旅游部门已组织了欧洲 1000 个社区、10000 户家庭、10 万名老年文学爱好者，先后分 80 支旅游团队，以步代车，游览狄更斯、哈代、勃朗特姐妹等名家的故居，同时还沿着作家小说中的某些足迹，游历书中所描写的村庄、小镇和名胜古迹等，全身心地体验其情其境，激发人们对经典作品的热爱。英国的这种"老年人与经典文学旅游"，不仅提高了老年人的文化素养，宣扬了英国的文化，而且开拓了旅游新途径，给旅游部门提供了可观的经济收入，更重要的是证明了英国老年人旅游产业的发展潜力和价值。 **德国** 　　德国出境旅游的突出变化是 65～75 岁年龄段的老年人将是"旅游增长的马达"，出游人数在 10 年内将增长 29%，而且这部分旅游者将不满足目前能够吸引他们的旅游产品，会有新的要求。休养身心的保健旅游是德国游客旅游的主要发展趋势。 　　政府引导行为对出境旅游起到重要的促进作用。主要表现为：一是航空旅行政策越来越受居民欢迎。近年来，由于全球航空公司和飞机数量的增加，定期航班的运力随之增加，机票持续降价，这使得旅游人数不断增加。二是办理出境旅游政策更加自由方便。德国国民年满 16 岁即可申请和拥有一本护照，凭有效证件可以随时免签证到欧洲共同体成员国和其他 120 多个国家和地区旅游。三是德国政府从来不限制国民出境旅游。自实行欧元以来，由于美元坚挺，欧元疲软，德国马克已贬值 1/4，另外，德国国际旅游收支逆差高达 300 多亿美元，居世界之冠，尽管有这些不利于出境旅游的因素存在，德国政府仍然不采取措施限制居民出境旅游。

续上表

项目类型	国家及其政策
就业	**日本** 立法保障： （1）《稳定老年职工就业法》，延长退休年龄。日本政府规定从2006年4月起，提高国民养老金和老年社会医疗保险的起始年龄，与此同时，要求经营业主逐步将退休年龄延长至64岁（2010年）、65岁（2013年）。 （2）《老年人雇佣确保措施》，规定对雇佣老年人的企业的补助金和雇佣比例，以充分利用老年劳动力的技术、知识、经验，满足老年人二次就业的需求。日本政府对以长期雇佣为目的、在一定期间内试用高龄者的企业或公司发给"高龄者试用奖金"。而对于一些二次就业较为困难的老年人，则通过公共职业稳定所等机构为其介绍工作，并向继续雇佣他们的企业发放"特定求职者雇佣开发补助金"。除了奖励以外，日本政府还颁布了《鼓励中老年职工就业的特别措施法》，要求企业和公司雇佣的退休人员必须占到全体职工的6%以上。 **德国** （1）拓展就业领域并进行职业咨询和就业指导。一是德国政府通过大力发展以信息技术为基础的第三产业以及鼓励和支持私人企业来拓展就业领域；二是通过专门的服务机构对老年人群体进行职业咨询和就业指导。 （2）积极开发就业岗位，促进老年群体就业。一是通过制定弹性的和充满活力的劳动力市场政策促进就业岗位开发，尤其是开发更多的灵活就业岗位以及"部分时间工作"岗位；二是针对老年群体进行带工资补贴的就业岗位安置；三是对企业安置老年人群体就业提供补贴；四是联邦劳动部和社会机构帮助老年群体开辟就业岗位；五是致力于发展私人企业尤其是中小企业开发新的就业岗位。 （3）举办专门的职业培训，提高职业技能。一是德国实行政府、雇主和工会组织相互协调与配合的培训管理体制，对参加者给予生活补贴，并承担培训费用；二是德国的职业培训有职业教育、职业进修和转岗培训多种形式，但多半采取的是实效性培训并以市场需求引导培训；三是政府为给老

续上表

项目类型	国家及其政策
就业	年人提供培训的企业进行补贴;四是政府通过公共基金对老年人群体采取相应的措施进行职业培训,提供更多的就业机会;五是政府购买培训成果。 **瑞典** 瑞典老年人的就业率达到68.6%,瑞典促进老年人就业的政策措施包括: (1)职业介绍。为了帮助老年求职者,瑞典开展了一项名为"工作俱乐部"的活动,目的是使参加者学习怎样进行各种申请表、求职信的填写,怎样找工作与雇主联系。职业介绍所一直与参加者保持联系,直到其找到工作或者接受其他的援助措施。 (2)职业康复。职业康复的目标是使那些在竞争中处于弱势地位,需要更多的支持与帮助的老年求职者在公开的市场上找到一份工作。 (3)临时性公共就业。这一措施是通过开办公共工程,为一些在公开市场上难以找到工作的失业者、老年人就业者提供工作岗位。 **新加坡** 新加坡劳动力不足,资源贫乏,政府也鼓励老年人工作,并且制定实施了就业入息补助计划,鼓励薪金较低的老年人接受职业培训,提高就业能力。 **韩国** (1)促进老年人职业岗位事业。以保健福利家庭部、韩国老年人人力开发院、地方政府和事业执行机构老年俱乐部、大韩老年人会、老年人福利会馆等中心展开。这项制度安排是通过创造和提供适宜于老年人能力的职业岗位,进而提高老年人的生活质量,减轻社会的赡养负担而实施的。 (2)老年人协会组织老年人俱乐部。从2001年下半年开始实施以地区社会老年人俱乐部事业为中心展开,不仅面向65岁以上老年人,而且也向50岁以上的退职者开放。目的是积极开发可发挥老年人经验的行业及服务领域,把具有特别技能和能力的老年人联系给需要的部门单位,促使多数老年人参与的宗教团体或职能团体等参与到此事业中。

续上表

项目类型	国家及其政策
就业	大韩老年人会从 1981 年开始到 1996 年，运营 60 个老年人能力银行，通过老年人就业咨询及介绍，向老年人提供获得收入的机会。1997 年开始将老年人能力银行改编为老年人就业介绍中心。2004 年扩大为就业支援中心。 　　老年人福利会馆经营老年人共同作业场，优先利用可设置做夜场的设施，选择提供无须特别技术、适宜于老年人的资质和能力的工作。 　　2003 年 11 月，设立老年人人力运营中心，以有效促进老年人职业岗位事业，2005 年 12 月在中央设置中央职业岗位专门机构"韩国老年人人力开发院"，执行职业岗位开发、教育、评估、检测、宣传等业务。到 2007 年末，在 915 个事业执行机构中，有 115646 名老年人参加了 2547 个职业岗位项目。
志愿服务	**美国** 　　（1）"老年人社区服务就业方案"。为给 55 岁以上低收入的老年人提供从事社会服务的机会，《美国老年人法》修正案中特别增加"老年人社区服务就业方案"。根据该方案规定，各机构在推行本计划时应把握下列原则，否则政府将不与订约或奖励：对于合格的老年人应优先安排就业；为使合格老年人易于就业，应给予必要的技术训练，并在训练期间发放生活津贴；应该为老年人提供安全卫生的工作环境，并保证老年人从事社区服务工作的待遇不得低于当地政府所规定的最低工资；对于合格老年人应给予交通费，以帮助其就业；尽量为黑人、印第安人和英语水平相对较低的合格老年人提供适当的就业机会。其中，"社区服务"是指：社会、健康、卫生、教育服务；法律和其他咨询服务；图书、娱乐及其他类似服务；保留、维护自然资源服务；美化社区、改善环境卫生服务；其他社区必需之服务；等等。 　　（2）"寄养祖父母方案"。为 60 岁以上未从事工作的低收入老年人提供得到生活补助的机会，《美国老年人法》修正案中制定了"寄养祖父母方案"。根据该方案规定，上述合格老年人必须在卫生、教育、福利等有关儿童福利机构中，

续上表

项目类型	国家及其政策
志愿服务	从事个人对个人的服务；并且对医院中接受照料的儿童、家庭中被忽视与依赖性强的儿童以及其他机构有特殊需要的儿童提供支援性的服务，老年人在从事这些服务时，可适当得到生活补助费。 （3）"退休老年人志愿工作方案"。为协助60岁以上的退休老年人参与社区志愿服务工作，《美国老年人法》修正案中有"退休老年人志愿工作方案"。根据该方案规定，志愿工作的老年人除了有交通膳食及因工作导致的偶发事件之支出外，不支出任何其他费用。而且，这些服务工作仅在老年人居住地及临近的社区内提供。同时，该方案也包括给予老年人的短期训练计划，以协助老年人从事该项工作。此外，为保障已就业老年人的权益，又规定在执行该方案时，不应引起正在就业者的失业，或妨害现有的服务契约。此外，美国还通过制定《禁止歧视老年人法》《经济机会法》《国内志愿服务法》《职业教育法》《综合就业训练法》等相关法案，以提供并保障老年人的就业机会。

资料来源：中国公益研究院养老研究中心。

六、珠海养老产业的发展规划

国家为了更好地发展养老产业，提出以下重点目标：
（1）明确养老服务业在我国产业布局中的战略地位；
（2）正确区分养老事业与养老产业；
（3）制定养老产业集群发展规划；
（4）改善全市城乡居家养老环境；
（5）健全养老政策法规与服务规范；
（6）改革公办养老机构管理；
（7）拓宽资金来源渠道；
（8）加快推进"医养结合"；
（9）加强养老服务人员素质培养。

养老政策要求正确区分养老事业与养老产业,即"区分竞争性养老产业与非竞争性养老产业的政策界限,实现养老事业与经济转型协同发展。厘清政府与市场在养老服务资源配置上的边界。在注重发挥政府的主导和兜底职责的同时,注重发挥市场在资源优化配置中的决定性作用,逐步使社会力量参与到养老产业发展中,营造平等参与、公平竞争的市场环境,依靠市场促进养老服务供给,推进其产业化和市场化进程"。

珠海养老产业的发展应首先考虑以下几点:

(1)养老产业的发展是以自给自足为目标还是进一步作为一种输出型创收的产业来发展?

(2)政府在养老产业发展中应扮演何种角色?养老产业是公益性还是社会性?政府是直接提供资金补助。还是促进鼓励社会融资?这在养老产业的细分行业中可能会有不同的考虑。

(3)养老产业的细分产业种类众多,政府在推动时是否应有优先次序?

(4)政府在推动养老产业的发展时,应该建立一个怎样的行政架构来执行?

七、政府在养老产业发展中的角色

我们建议政府在发展不同的养老产业时,应分为三种不同层次的角色,提供不同的支持力度。

(1)承担角色,即这种产业或服务为社会之大要。政府应负起主要财政承担的责任,或由政府直接提供资金,或采用政府向社会组织购买服务的方式。并保证有需要的群体得到符合质量标准的服务(如免费九年教育即属于政府支付角色的服务)。

(2)资助角色,即这类产业或服务亟有需要,政府为引导这些产业的发展而提供直接资助(如现金及场地),或间接资助(如低息贷款与服务提供者),但接受服务的市民仍须负担部分甚至大部分的费用成本。

(3) 促进角色，即此类服务或产业可提高市民的生活质量，但政府无法保证有需要的市民获得服务，故政府只承担促进、推广和监管的角色。政府可以通过城市规划、立法以及适当的行政管制，容许此类产业有健康发展的空间。

珠海市政府可以对应不同产业发挥以下角色（见表13.3）：

表13.3 养老范围的政府角色

养老范围	承担角色	资助角色	促进角色
老有所食	兴办老年人社区饭堂，保证老年人能享受营养的饭食，没有经济收入者享受免费饭食，有能力者享受低价餐食	资助本地农场为区内的老年人提供到乡甚至到户的廉价农副食品 资助敬老院营养师服务	鼓励商家开发老年食品 提供奖励、质检安全认证等服务
老有所医	要求所有卫生站医护人员为老年人上门送医送药 要求所有康复站为不良于行的老年人上门送服务 增设老年人专科医院，香洲区及金湾区可各建一家	资助老年人做全身体检，无经济收入者费用全免，有能力者负担部分费用 资助老年人的重大疾病保险，无经济收入者全额资助，有能力者负担部分费用 资助老年人更换关节、割除白内障、更换牙齿等服务；首先资助70岁以上且无经济收入者 资助社区健康教育服务	鼓励有经济能力者购买医疗保险；特别是意外保及危疾险 鼓励老年人做定期体检及定期筛查各类癌症

续上表

养老范围	承担角色	资助角色	促进角色
老有所养	政府应为无经济收入及无子女者提供免费养老服务	政府应为有子女但无经济收入的老年人提供养老资助，资助额与老年人子女的家庭收入挂钩 政府应改建公办敬老院为护老院，以公办民营方式运作，并向社会开放 资助家政服务人员协会开办养老家政专门课程 资助各公办及民办养老机构的工作人员接受护工培训课程，规范持证上岗制度 资助老年人家居无障碍改善 资助社工机构免费或低价提供居家养老服务，为老年人送饭、助理家务、提供生活照料等 资助社工机构免费或低价提供日间护理等社区养老服务 资助农村建立"微养老机构"，使	政府应制定养老机构准入制度，并定期检查民办养老机构服务质量 鼓励家政公司建立持有养老家政保姆员信息库，让有需要的家庭获得有偿但规范的家庭护工服务

第十三章 养老产业的领域和发展

续上表

养老范围	承担角色	资助角色	促进角色
老有所养		养老不离乡。微养老机构指以模拟家庭方式养老，微养老机构可容纳约40名老年人（小型敬老院在日本十分普遍，对农村尤为适合）	
老有所行	制定无障碍建筑规定 制定老年人交通安全指引 考虑部分地区允许使用电动车辆 建设绿道与汽车车道分隔，方便老年人出行	资助老年人使用公共交通工具 为残障人士及老年人用车提供税务减免 资助电动轮椅的生产和使用 以税务优惠鼓励私人物业无障碍化改造	推动民办老年人及康复小巴，接送老年人前往日间护理中心或就医 推动物流业设计老年人物流服务
老有所乐	政府应在市政规划中设计适合老年人活动的公园、绿化场所以及康乐设施（如门球场、简易健身设备等）	资助社工机构营运老年人社交场所及康乐活动中心，提供免费的及低收费文娱活动 资助老年人会组织、社团举办活动，特别是文化及艺术活动	推动老年人旅游特别是市内旅游，如博物馆游、文化馆游、特色公园游、历史文化游 珠海众多主题公园于非节假日提供老年人入园优惠

167

续上表

养老范围	承担角色	资助角色	促进角色
老有所学	设立老年人电台、电视台，介绍健康生活信息	资助老年人学习互联网使用，打破网络障碍，扫除网盲 资助老年人社区阅览室，提供杂志、报纸、图书 资助老年人兴趣、厨艺及园艺学习	推动老年人学习内容开发 推动老年人学习文化或进修远程教育课程
老有所活	争取成为老年人宜居城市，建设老年人宜居社区 保护环境，改善市政设施，提高卫生文明 推动尊重老年人的社会道德与精神文明	资助社工机构推行敬老教育 资助社工机构推行防止虐待老年人社区教育 资助社工机构推广老年人精神疾病社区教育	鼓励房地产开发创新，如设计跨代跨家庭住宅 鼓励房地产开发商设计老年人宜居小区，区内能运动、购物、休闲活动、无障碍、人车分道 推动社区关怀老年人
老有所为	延长退休年龄，鼓励老年人第二次就业 要求社区服务机构聘用退休人士	奖励老年人职业再培训，如从事家政服务及文化教育等 通过税务减免鼓励企业聘用退休人士	推动老年人从事社会义务工作 推动退休人士创办社会慈善事业、社会企业，推动老年人参与文化保存保护等工作

八、珠海养老产业供给侧

为了使珠海更好地发展养老产业，我们建议效法德国，以财政支持催生养老产业。德国专家估计，到2035年，德国50岁以上的人口将超过全国人口的一半。这个群体的市场潜力及其在选举体制下的"选票威力"不言而喻。正是在这一背景下，德国政府决定，从联邦预算中划出 400 万欧元，来扶持科研机构、企业、老年人协会和消费者协会，以尽快催生德国的养老产业，力争使德国成为世界养老产业的领跑者。

财政支持催生养老产业表明政府不应包办代替，而是通过资金引导，让社会承办相关产业。我们建议应由社会组织或社工机构，以非营利的方式承办。

政府资金投放在考虑效率之外，要达到连带经济效益。

养老服务依靠社工民办非企业非营利机构，以护理安老院为中心，推广及社区养老和家居养老，形成医养结合三位一体无缝养老体系（黄匡忠，2014）。并从社区推广到居家服务，以居委会、村委会为据点，发展居家老年人家政、送餐、陪诊等服务，以同一社工机构负责机构养老、社区养老和家居养老服务，形成全方位无缝养老体系。

九、养老产业的发展路径

表 13.3 中的众多项目，应如何考虑其发展次序？民以食为天，药食同源，良好的营养可以减少发病率，所以建议优先兴建社区饭堂。

建议一：珠海市政府资助老年人社区饭堂。例如，为 80 岁以上和困难老年人每人每天补贴 5 元一顿午饭，预计一年开支 2920 万元。解决了吃饭问题，接下来应该考虑医疗。大多数老年人都享受医保，但遇上意外重大疾病时多会保障不足，应优先增加意外及重大医疗保险。

建议二：在医保的基础上加入长期护理险，过渡期间以福彩基金、残疾人就业保障金和政府补贴为有需要的老年人提供长期护理。老龄化社会的来临，失能老年人已无法全部依赖居家照顾，所以护理养老机构的建设刻不容缓。

建议三：改建公办敬老院为护理院。珠海现有902张公办敬老院床位，投资价为40000元每张，民办敬老院床位投资价只需10000元每张。若以改造为护理安老床位每张10000元计算，902个床位需902万元。但这些床位可以创收，以降低政府对"三无"老年人的资助。为了达成珠海市"9064"的目标，就应尽快发展以社区养老服务为依托，以上门服务为重点的居家养老服务需要展开。

建议四：珠海市规划设计研究院制订养老服务设施。"十三五"规划估计珠海总人口到2020年增加至300万人，其中老年人口29万。为此应于全市建立200家社区日间照料中心（小区级），每家服务1000～1500位老年人。估计失能半失能老年人为全体老年人的5%～8%，这样，每家可直接服务失能半失能老年人50～120人。

有了以上四项框架服务设施，其他服务即可水到渠成。其他建议如下：

（1）出台《进一步加快我市养老产业发展实施意见》《养老产业集群发展规划》，形成支持养老产业发展的系统政策。

（2）建立政府购买社会工作机构养老服务机制和补贴机制。

（3）鼓励医疗机构与养老机构加强合作，提高为老年人群提供医疗卫生服务的水平和效率。部分一级或二级医院（包括厂企医院）直接转型为老年康复院。大力推进社区卫生服务中心和居家养老服务的有机结合，以及乡镇卫生院与农村居家养老服务的一体化建设。

（4）对涉老企业给予一定的政策优惠，制定老龄商务伦理纲领，建立银色标志制度。

（5）鼓励企业加强研发，丰富老年产品，实现产供销结合。

（6）引导和规范商业银行、保险公司、证券公司等金融机构开发适合老年人的理财、信贷、保险等产品。提升养老服务业增加值在服务业中的比重。

（7）加强老年旅游服务，发展本地老年旅游展品。

（8）建立保健用品市场监督机制，确保养老服务和产品质量，加大查处侵害老年人权益的经营销售行为，营造诚信的市场消费环境。

（9）加强培训和业务指导，明确医养结合的服务功能和任务。对养老机构的工作人员开展医疗服务方面的培训等，鼓励和引导更多的医学院毕业生从事养老工作，缓解就业压力。

（10）民办养老机构负责人、养老护理人员的业务培训纳入统一规划和管理，在积分入户、人才补贴等方面给予保障。吸引有就业意愿的失业人员加入护工队伍。制定从业人员职业技术等级评定制度，实行民办养老机构从业人员的职业资格认证和持证上岗制度。加强职业能力建设，组织养老职业技能培训，按规定给予职业技能鉴定补贴与培训补贴，逐步实现养老服务人员的职业化、专业化。

（11）完善养老产业统计制度，发表养老产业统计年报。

（12）珠海的宜居建设，应立法建设无障碍环境，达到国际标准。老年人出行方面，应容许自行车、电动车、电动轮椅等特殊交通工具上路行驶。社区设计应人车分道，电动车、机动车也应分道。试点创建老年人宜居社区，全面考虑老年人生活、活动、购物的便利性等。

第十四章
将珠海建设成为老龄宜居城市

 乐活老年的终极考核。

一、老龄宜居社区（基地）标准

老龄宜居社区可以说是一个城市养老产业发展的综合评估，产业总体表现的衡量。老年宜居社区有以下原则：①受尊重的原则；②社会包容的原则；③潜能的原则；④交往和沟通的原则；⑤服务专门性的原则；⑥服务可及性的原则；⑦保护最脆弱者的原则。

中国老龄产业协会和中国标准化研究院在 2013 年 10 月 18 日发布了《老龄宜居社区（基地）标准》和《养老基地连锁服务标准》。（朱勇，2014）全国老龄办副主任朱勇表示："我国老龄事业和产业发展还处在初级阶段，尤其是老龄产业刚刚起步，还存在着有效需求不足、产品市场不成熟、政策法规不完善、行业秩序不规范等问题，特别是行业标准规范不健全，标准实施监督机制的缺失，在一定程度上阻碍了老龄产业的健康发展。"针对这一问题，中国老龄产业协会积极做好协会标准的研究、制定和规范工作。朱勇认为："作为提高服务质量和管理效能的技术手段，标准化工作能够有效提升老龄产业的发展水平。"（老龄办，2013 年 10 月 18 日）中国老年宜居养生产业联盟是在中国老龄产业协会支持和指导下成立的平台。

二、老年人权益保障法

《老年人权益保障法》于2013年修订，确立了社会养老服务体系的框架，即"以居家为基础、社区为依托、机构为支撑"。该法明确了政府支持养老服务事业发展的责任，包括加强对养老机构的管理，规定了养老机构的设立条件、准入许可和变更、终止等制度，明确了相关部门对养老机构的管理职责；加强养老服务队伍建设，主要规定了养老服务人才培养、使用、评价和激励制度；加强养老机构运营中的纠纷处理和风险防范；完善医疗卫生服务。

新修订的《老年人权益保障法》首次增设了《宜居环境》一章，主要对国家推进老龄宜居环境建设作了原则规定，以便为制定相关配套法律法规和政策提供依据：明确国家责任，概括规定了老龄宜居环境建设的总体要求；规定了政府加强老龄宜居环境建设的主要任务；在具体环境建设上，重点规定了无障碍环境建设，这主要是考虑到残疾人中有相当一部分是老年人，老年人随着年龄增长所面临的失能或者残疾的风险会逐步提高，无障碍是老龄宜居环境的一个基本要求。

此外，该法还对老年友好型城市以及老龄宜居社区建设作了规定（《法制日报》，2013年1月4日）。

三、珠海是宜居城市

珠海与"宜居"联系在一起，始于1998年，当年联合国人居中心评选出全球10个"国际改善居住环境最佳行动奖"（亦称"改善人居环境范例奖"），珠海不仅入围，而且名列榜首。

2006年，珠海首次在政府工作报告中提出"宜居"的概念，要求"把珠海打造成为适宜居住、适宜创业、富有魅力的特色城市"。此后每年的政府工作报告均有所提及，但提法不尽相同。如 2007 年和 2008 年均使用"最适宜居住"的字眼，2009 年把"宜居城市"建设当作一个城市品牌来经营，2012 年则将之作为一项民心工程来打造。

2007 年世界卫生组织发表了《世界老年人友好城市指南》，中国老年学学会于 2009 年设立了"中国老年人宜居城市评价指标体系研究"课题。两者全面系统地建立了涵盖老年人生活软硬环境要素的指标体系，为老年人宜居城市建设提供了指导方向。（《老年人》，2014 年 9 月 1 日）

老龄宜居城市，体现为老年群体居住其中的认同感、安定感、满足感。

中国健康养老产业联盟联合《投资时报》发布的《2014 中国养老城市排行榜 50 强》名单中，海南三亚、广东珠海、福建厦门、广东中山、贵州贵阳、福建福州、广东汕尾、江苏扬州、江西萍乡和云南丽江位居前十。（《投资时报》，2014 年 11 月 15 日）

评判标准认为养老城市首先应该是宜居城市，于是直接选用了中国社科院发布的《中国城市竞争力 2013 年度排名》中宜居指数位于前百位的城市作为最基础的养老城市样本。

仅是宜居城市还不够，还必须符合老年人生活的特点。于是，评判标准又重点参考了空气指数、医疗指数、交通指数。

雾霾严重影响了人们尤其是老年人的健康。因此，正如大家看到的，雾霾严重的城市如石家庄、北京等基本都落榜于 50 强。

医疗指数的主要指标来自各城市三级医院与城区人口的占比。老年人往往大病多，国人大多认为三级医院方能保证基本的医疗条件。人口少而三级医院多的城市在这一指标中会占优势。

交通指数的主要指标来自当地机场、高铁、高速公路等的便利程度。"父母在不远游"的传统早已消失，参考交通指数就是考虑到子女看望父母的便利性。同时，爱好旅游的老年人与日俱增，交通便利也方便了老年人的出行。

从 2012 年开始，珠海放眼全球谋划城市发展，聘请了一批国内外知名专家作为城市规划战略顾问并领衔编制重点规划设计项目，形成了一个宜居城市规划体系，充分利用大型山地自然绿地系统及河流、绿道、道路廊道、生态隔离带，构建生态安全格局体系，形成蓝绿系统，人均公园绿地面积 19.02 平方米，确保市民出门 500 米半径内就有一块 5000 平方米以上的绿地。

2013 年的政府工作报告，将时任省委书记汪洋前一年提出的"打造与欧美先进国家相媲美的宜居环境"写入报告。而 2014 年的报告，将"宜居城市建设"与生态文明建设结合起来，上升到城市定位的高度。

2014 年，"珠海市建设生态文明示范市制度研究"课题顺利通过环保部组织的专家论证。《关于实施新型城镇化战略、建设国际宜居城市的决定》也已经出台，珠海市将以改革创新为动力，实现"在环境宜居上能够与欧美先进国家相媲美"的目标。英国《每日电讯报》也刊登文章"点赞"珠海坚持生态文明建设与科学发展，从而成为"中国最宜居城市"。珠海取得的宜居城市建设成效，正受到各界持续的关注和肯定。（《扬子晚报》，2014 年 11 月 14 日）

中国社科院 5 月 9 日发布的《中国城市竞争力报告 2014》，珠海、香港、海口在"2013 年宜居城市竞争力"中位列前三。

在 2014 年 5 月 19 日的工作会议上，中国城市规划设计研究院副院长、中国城市科学研究会秘书长李迅介绍了由该院给珠海量身定制的《珠海建设国际宜居城市指标体系（征求意见稿）》，这套指标体系共设七个大类，分别是：①人文国际多元；②空间紧凑宜人；③生态安全持续；④出行绿色通常；⑤服务优质共享；⑥资源低碳集约；⑦价值创新公平。

这七个大类可以理解为珠海建设国际宜居城市的七个核心总体目标。每个大类都有三个层级指标和实现路径。李迅说，为建设国际宜居城市而专门量身定做一套指标体系，珠海是第一个。

生活在珠海，才知道这个城市还未为社会老龄化做好准备。

为珠海成为老龄宜居城市提供一些建议：
（1）珠海应立法建立无障碍环境，并达到国际标准。
（2）老年人出行，应容许自行车、电动车、电动轮椅等特殊交通工具上路行驶。
（3）社区设计方面，应人车分道，电动车、机动车也应分道。
（4）试点创建老龄宜居社区，全面考虑老年人生活、活动、购物等的便利性。
（5）鼓励创新老年人住房，鼓励微型、小型养老机构的发展，尊重老不离乡的传统心态，充分利用传统祠堂养老。
（6）推动老年人本地旅游，包括岭南文化游、博物馆游、怀旧游等。
（7）鼓励社区老年人进行兴趣学习，鼓励建设老年人电台、老年人网页、购物网站等。

老年人宜居的珠海，不单属于珠海居民，也属于全中国的老年人。珠海已有不少"候鸟"老年人，冬天来珠海避寒。相信更多北方的"银发族"会来欣赏珠海的蓝天白云。

本书是汇总了2013—2016年多个研究结果和建议的报告书，但我希望它不要太枯燥，让小伙伴们也有兴趣看看。假如你从头看到这里，我们便成功了。当然你也可能随意翻翻翻到这一页。继续翻吧，我们都会老。

第十五章
无缝社会养老服务体系
——珠海的探索

一、珠海养老服务的发展目标

对于养老服务的目标，我国众多政策性文件中均有详述。简单而言，"老有所养，老有所医，老有所乐，老有所学，老有所安"，均为社会认同的政策目标。

养老服务要达到各项目标，所涉及的内容广泛，包括社会保障、住房、医护照料、膳食交通照顾、社交及心理服务等。随着老龄化时代的来临，老年人康复服务及老年人心理健康服务的需求也与日俱增。不同性质的社会服务，也可划分为机构养老、社区养老及家居养老三个范围。这三个范围的服务必须互相衔接，即"三位一体"，国际惯称其为"无缝养老体系"（Seamless Care）。

香港的安老服务虽然分工仔细，每一项服务也已发展得相当专业和成熟，但由于历史原因，仍存在很多结构性的障碍，令无缝养老体系难以推行。

首先，香港的土地非常稀缺，致使高度护理的院舍（香港称为护理安老院）非常有限。其次是各类养老机构均由不同的社会工作机构管理，不同的服务范围导致了系统的割裂。例如，老年人需要转院接受高度护理服务时，时间上往往无法衔接，等候时间既长，老年人也要重新适应环境。此外，香港的社会文化也对养老服务有无形的影响。香港人工作繁忙，对老年人的重视程度减弱，很多老年人入住敬老院后，家人并不经常探望。加上敬老院空间狭窄，没有预留空间让老年人与家人共叙，也导致家人不愿探望老年人。很多民办养老院的设施条件太差，也严格限制家人的探访时间。

因此，我们策划具有珠海特色的无缝社会养老服务体系时，既要参考香港及海外养老服务的经验，也要认识和克服其不足，发挥珠海现有服务的优势，在养老服务的内容及体系上加以创新，建立一个完整而专业的无缝社会养老服务体系，成为广东省、全国，甚至东南亚地区学习及参照的典范。

有人担心养老服务发展太好，珠海会变成老年城市，这是过分担心。珠海是移民城市，老龄化程度本来就低。其他产业的发展也不会阻碍养老服务发展。

二、珠海养老体系的发展优势

珠海养老体系的第一个优势是地理优势，包括土地资源、环境和气候。珠海人口数量适中，环境优美，是宜居城市，进一步要创建的是"老年人宜居社区"。

珠海养老体系的第二个优势是设施优势。珠海目前有16家公办敬老院，只需要适当的功能定位和设施改造，便可以打造成为无缝社会养老服务体系的"地区中心"，向周边辐射多元化之养老服务。珠海的10家民办敬老院，可以作为公办服务的补充。

同时，珠海宜进行统一规划，以一家公办养老院为中心辐射附近的地区，交由同一社工机构管理，使机构养老、社区养老及居家养老连成一体，既方便管理也易于问责，既不会出现服务资源的重复浪费，也不会出现养老服务多头管理但无人负责的缺陷。

　　珠海养老体系的第三个优势是卫生服务系统的全面普及。在珠海，大部分街道和乡镇均有卫生站，标准卫生站为两层高的建筑，面积达150平方米或以上。（《社区卫生服务机构建设规划》，2010）养老服务应充分利用卫生站的资源，达至"老有所医"的目标。卫生服务应从治疗性转向预防性，其服务目标也包括送医送护上门的社区卫生服务，他们的服务对象当中有很大的比例正是老年人。社区卫生服务的普及正是社区养老的主要支柱之一。

　　珠海养老体系的第四个优势是康复站的普及。残疾人联合会有设立社区康复站的政策，要求于社区内提供康复设施，并聘有康复师为区内人士进行康复治疗。同样，在老龄化社会里最需要使用和乐意使用这些设施和服务的，正是老年人。康复站下一步的发展即提供居家康复。

　　珠海养老体系的第五个优势是基层组织的活跃。居民委员会在社区服务中扮演着积极的角色。每个居委会或村委会都有能力为区内老年人提供服务。本报告的第一部分社区调研已反映出珠海众多居委会及村委会均有为区内老年人提供初级阶段的服务，如提供活动场地，让老年人打牌、看电视等。可见，居委会和村委会在中国敬老传统影响下多有举办关怀老年人的活动，只是欠缺专业化和常态化发展。

　　珠海养老体系的第六个优势是岭南文化的承传。音乐及文化活动是社区养老中的一项重要内容。粤剧深入人心，常为老年人带来欢乐，很多传统的粤剧剧目，也可以发挥很大的社会作用。

　　珠海养老体系的第七个优势是市民良好的敬老传统。珠海的生活节奏比较悠闲，因此家庭照顾老年人康复的意愿和能力比较持久，只要政府提供有力的居家照顾服务，包括居家无障碍改造、居家护理、家务助理、上门医护等服务，家人都愿意延长对老年人的居家照顾，直至老年人的健康状况必须接受高度的护理服务，才让家中老年人入住养老机构。家庭的力量是珠海养老服务必须依赖的优势之一。政府应采取有效的政策强化家庭养老的功能，如老年人免税额及优先照顾扶老家庭申请保障性住房等。

三、综合性专业化的无缝社会养老服务体系

我们建议养老体系以现有公办敬老院为基础，将珠海市划分为12～16个养老服务区域。

每一家敬老院必须更新为综合性敬老院，为全自理、半失能与失能老年人提供不同程度的护理和生活照料的"一条龙"服务。

为方便及清晰各类住房，全自理的房屋应名为"老年宿舍部"（Independent Living）。半自理的房屋可称为"集体养老部"，舍友生活起居自理，但提供饭堂、洗衣、家居维修及清洁等服务，海外称之为"辅助生活"（Assisted Living）。需接受不同程度护理的则可称为"护理养老部"（Care Living）。

珠海无缝社会养老服务体系具体结构建议如下：

（1）全市分为十数个养老服务区域。

（2）每区设立一个区域养老中心，内含老年宿舍部、集体养老部及护理养老部，床位应有200～400张。三类宿舍的分配比例视社区需要而定。

（3）每区的养老中心内应设立一所日间照料中心，为区内需要医护、物理治疗、职业治疗，或心理精神辅导的老年人提供服务；日间照料中心须备有专车接送老年人往返中心及其住家；亦应提供老年人沐浴服务。按珠海"9064"规划，每家日间照料中心设计服务100人计，需求至少60家日间照料中心。（珠府办，2013）

（4）区域养老中心应与区内所有卫生站结成"医养联网融合服务"。2013年8月16日，国务院总理李克强主持召开国务院常务会议，确定深化改革、加快发展养老服务业的任务措施。会议提出要推动医养融合发展，探索医疗机构与养老机构合作新模式，促进养老服务与医疗、家政服务、保险、教育、健身、旅

游等领域互动发展。(国务院,2013)

(5) 有条件的卫生站应同时提供老年人看顾病床2~4张,减轻日间照料中心的压力;卫生站应为区内老年人送医送药;卫生站应成为区内康复站。

(6) 各级政府应善用卫生站的空间资源。设立老年人社交及心理活动中心,设立专业老年人社会工作服务队,辐射附近社区;老年人社工队应设社工队长1人,队员2人,文员1人。

(7) 老年人社会工作服务队应连接各居委会及村委会的社区干事,提供老年人的家居照顾服务,包括家务助理服务。

(8) 居委会或村委会应设立"老年人社区厨房",为区内老年人提供优惠膳食或送食上门。

(9) 居委会或村委会之社区专职干事部分应转化为"社会工作服务队",其中部分工作内容应为定期探访老年人及举办常态化的老年人活动。老年人活动应多元化,建议加入文化、音乐、运动、养生、保健等元素;老年人活动应提倡健康生活方式,结合健康社会工作,减少社会在医疗方面的重大开支。

(10) 上述养老服务体系由机构至社区,由社区至家居,应交由非营利社会工作机构管理,并与卫生服务、康复服务相对接。(见图14.1,黄匡忠,2014)

上述养老服务体系兼顾综合性和专业性,以居家为基础、社区为主力、社工为纽带、养老机构为后盾的"无缝养老服务体系"。

四、其他创新辅助养老服务

1. 文化养老

文艺及音乐治疗在老龄化社会中可对老年人痴呆症及其他心理疾病产生一定疗效,音乐及文化活动对老年人心理健康也有很大的作用,珠海民政局可与珠海文化局合作建立"音乐及艺术健

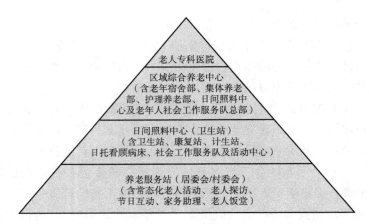

图 14.1　医养结合三位一体无缝社会养老服务体系

康促进中心",发展音乐及艺术治疗法,老年人可以是其中的主要对象,还可同时面向有智力障碍或精神障碍的人群。

2. 城市养老空间

虽然一些综合养老院的占地面积很大,让老年人有足够的活动空间,但仍欠缺日常的生活生态。若在城市内设立步行区且区内有综合养老院,或者能够运输老年人到步行区,将可设立一个老年人宜居社区,创珠海乃至亚太先河。香港天水围就做到了人车分流,马湾禁止汽车进入,都是宜居社区的雏形。

3. 乡间祠堂养老

很多城市都没有很好地解决老年人的聚居问题,市区人口老龄化而老年人又不愿移居市郊,导致出现市区市容破败、重建困难的现象。目前珠海市香洲区的老龄人口日渐增多,已在重蹈香港的覆辙。建立老年人宜居社区或可吸引老年人迁至近郊。若能得到公共交通体系的配合,近郊老年人社区将较易建立起来。例如,将有轨电车引入平沙,则可将之发展为老年人宜居社区。老年人往返市区的交通时间宜控制在半小时之内。岭南很多村落均有祠堂，若能活化祠堂，是非常适合养老的。

4. 学习养老

随着人口的知识化和资讯科技的微型化，老年大学不再是一个梦想。而且老年人不一定只是学习，更有可能当老师。珠海大专院校众多，建议有效运用退休大学老师资源，创办珠海公开老人大学学府。

5. 专业养老

珠海市已推行一项创新服务，即流动养老机构社工服务。以珠海市儿童福利中心为基地，派出社工巡回到16家公办敬老院举办活动，关怀老年人。此外，平沙、北堤等社区亦设立有老年人社工服务队。为加强社工服务于老年人的专业知识，珠海可设立"老年人社工服务培训基地"。在珠海市城市职业学院设立"老年人服务社工大专课程"，并使之发展成为面向全市的培训基地。

6. 住房养老

住房养老最受热议，其是否可行，取决于推和拉两方面的因素。珠海确有很多老年人现居于香州、吉大、拱北、前山等旧城区，若能吸引这些人群搬离市区，的确能活化市区，方便旧区整体重建。但一般的敬老院是否能吸引拥有私人居所的老年人尚有疑问，故我们提出"退休小镇"或"老年人宜居社区"的概念。一些乡镇或社区必须提供适宜老年人居住的整体生活社区，才能吸引老年人士迁住。老年人宜居社区需禁止汽车进入，反而允许电动轮椅、单车、电动高尔夫车通行等；道路设计需符合老年人需求，有大量休息座椅，并配以老年人公园、老年人商户餐厅等。

珠海的养老服务体系探索对全国都有参考价值。估计珠海人口到2020年将增至300万，此等规模的城市遍布中国；且珠海的城市化程度远没有深圳、东莞等地高。换言之，珠海的养老服务体系探索既有城市养老也有农村养老,符合中国大部分新型城镇的需求。

无缝社会养老服务体系,以其医养结合和三位一体的特色,依靠社会工作服务连接需求,可最大限度地善用社区资源,应可为中国社会养老服务提供一个全面的发展蓝本。

第十六章
从珠海到中国：中国养老的社会实践

一、我国养老体系构建

《社会养老服务体系建设规划（2011—2015 年）》（以下简称"规划"）提出，到 2015 年要"基本形成制度完善、组织健全、规模适度、运营良好、服务优良、监管到位、可持续发展的社会养老服务体系"（国办发〔2011〕60 号）。

规划预计到 2020 年，我国老年人口将达到 2.43 亿，约占总人口的 18%。随着人口高龄化的加剧，2011 年，城乡失能和半失能老年人约 3300 万，占老年人口总数的 19%，其数量将持续增加。下一代正面临着工作和生活的双重压力，无法照顾和护理失能、半失能老年人，社会养老服务需求迫切。

规划定义社会养老服务体系主要由居家养老、社区养老和机构养老等三个部分有机组成。规划说明居家养老服务涵盖生活照料、家政服务、康复护理、医疗保健、精神慰藉等，以上门服务为主要形式：①对生活不能自理的高龄、独居、失能等老年人提供家务劳动、家庭保健、辅具配置、送饭上门、无障碍改造、紧急呼叫和安全援助等服务；②对身体状况较好、生活基本能自理的老年人，提供家庭服务、老年食堂、法律服务等服务；③有条件的地方可以探索对居家养老的失能老年人给予专项补贴，鼓励他们配置必要的康复辅具，提高生活自理能力和生活质量。

规划说明社区养老服务是居家养老服务的重要支撑，具有社区日间照料和居家养老支持两类功能，主要面向家庭日间暂时无人或者无力照护的社区老年人提供服务。

（1）在城市，结合社区服务设施建设，增加养老设施网点，增强社区养老服务能力，打造居家养老服务平台。倡议、引导多种形式的志愿活动及老年人互助服务，动员各类人群参与社区养老服务。

（2）在农村，结合城镇化发展和新农村建设，以乡镇敬老院为基础，建设日间照料和短期托养的养老床位，逐步向区域性养老服务中心转变，向留守老年人及其他有需要的老年人提供日间照料、短期托养、配餐等服务；以建制村和较大自然村为基点，依托村民自治和集体经济，积极探索农村互助养老新模式。

规划说明机构养老服务以设施建设为重点，通过设施建设实现其基本养老服务功能。养老服务设施建设重点包括老年养护机构和其他类型的养老机构。老年养护机构主要为失能、半失能的老年人提供专门服务，重点实现以下功能：

（1）生活照料。设施应符合无障碍建设要求，配置必要的附属功能用房，满足老年人的穿衣、吃饭、如厕、洗澡、室内外活动等日常生活需求。

（2）康复护理。具备开展康复、护理和应急处置工作的设施条件，并配备相应的康复器材，帮助老年人在一定程度上恢复生理功能或减缓部分生理功能的衰退。

（3）紧急救援。具备为老年人提供突发性疾病和其他紧急情况的应急处置救援服务能力，使老年人能够得到及时有效的救援。鼓励在养老护机构中设置医疗机构。

（4）示范引领符合条件的养老机构利用自身的资源优势，培训和指导社区养老服务组织和人员，提供居家养老服务，实现示范、辐射、带动作用。其他类型的养老机构根据自身特点，为不同类型的老年人提供集中照料等服务。

但是规划也指出我国社会养老服务体系建设仍然存在问题，主要表现在：①缺乏统筹规划，体系建设缺乏整体性和连续性；②社区养老服务和养老机构床位严重不足，供需矛盾突出；③设施简陋，功能单一，难以提供照料护理、医疗康复、精神慰藉等多方面服务；④布局不合理，区域之间、城乡之间发展不平衡；⑤政府投入不足，民间投资规模有限；⑥服务队伍专业化程度不高，行业发展缺乏后劲；⑦国家出台的优惠政策落实不到位；⑧服务规范、行业自律和市场监管有待加强；等等。

为创建新型养老体系和克服上述困难，2009年，民政部、发改委提出将养老体系分为两大类，即"基本养老服务体系"和"非基本养老服务体系"（孙玉琴，2010）。选择黑龙江、江苏、湖北、重庆、甘肃五个省份进行试点。

基本养老服务体系是指与经济社会发展水平相适应，以满足老年人基本服务需求、提升老年人生活质量为目标，面向所有老年群体，提供基本生活照料、护理康复、精神关爱、紧急救援和社会参与等设施、组织、人才和技术要素形成的网络，以及配套的服务标准、运行机制和监督制度。其性质是福利性服务，是政府对生活特别困难的老年人最起码的保障型服务。应以居家养老为基础，以社区服务为依托，以机构养老为支撑，提供具有适宜技术的基本养老服务。重点在于保障失能、半失能老年人和低收入老年人的基本服务需求。

非基本养老服务体系是指政府、社会对非营利性养老服务和市场性（营利性）养老服务提供支持的各种制度、政策、机构等构成的系统。非基本养老服务体系为老年人提供具有较高幸福指数的享受服务。将由社会团体、个人和民营与外资机构等提供服务，且以非营利性质为主。

关于如何建立养老服务体系，民政部、发改委提出了一些原则性要求（孙玉琴，2010）：

（1）完整性。老年期跨度大，从60岁到百岁以上，需要经过"低龄老年期（60~74岁）""老年期（75~89岁）"和"长寿期（90岁及以上）"。完整性要求该体系能覆盖所有老年人群，并能为他们提供全方位的服务。

（2）多样性。是指同一种养老需求应具有多种服务方式，以便老年人根据自己的意愿、条件选择适宜的养老服务方式。

（3）持续性。照顾老年人是一个长期的过程，完善的体系应当为不同年龄、不同健康状况、不同经济状况和不同意愿的老年人提供持续照料服务。

（4）实效性。完善的体系应能破解养老照料的难题，减轻家庭、社会和政府的压力，为老年人提供舒适的环境、高品质的生活。

（5）经济性。构建养老服务体系是政府的责任，需要政府财政投入；如何构建既经济又高效的养老服务体系，更需要政府统筹规划。政府既要履行自己的职责，又不能大包大揽，应遵循"政府主导、政策扶持、社会参与、市场运作"的原则，推进社会福利社会化，构建养老服务体系。

二、香港地区养老体系可供参考

周永新描述了香港地区养老服务发展的四个阶段：

（1）第一阶段，养老支持完全来自家庭、亲属和朋友，照顾年老父母是子女应尽的义务。

（2）第二阶段，出现替代性的私营或慈善养老机构。

（3）第三阶段，公共社会服务作为家庭赡养的必要补充被大众普遍认同，并与"以社区为本"的支持服务和机构照料并行，提出"开放护理"（Open Care）概念。

（4）第四阶段，采取全面方式养老（即全面照顾模式），包括资金与实物援助的平衡发展以及正式与非正式力量的整合。（Chow，1987）

青岛市2004年发表了赴港澳学习考察养老服务的报告，认为香港养老服务的优点是：

（1）尊重老年人的价值和尊严。鼓励健康老年人继续参与社会，发挥个人才能；强调维持体弱老年人最高程度的自我照顾能力，让他们感到自己对生命仍有控制，从而提升对自己的评价和自尊。

（2）重视个性化服务和个案研究。老年人正面临哪些问题（心理、生理、社交、经济），哪些问题需优先解决，提出解决问题的方法，论证是否可行，对入住老年人的照顾非常周到。

（3）"持续照顾"理念。香港的养老院按入住老年人的身体状况，分为高度照顾、中度照顾、低度照顾三类。当老年人的健康状况转差而转往另一家养老院时，老年人会因种种不适应而导致健康状况变得更差。因此，通过增加功能和环境改造，尽量让老年人留在同一家养老院安度晚年。同理，在社区照顾上，随着老年人身体情况的转差，应提供相应的专业护理服务。

（4）心理治疗和康复训练。老年人日间照料中心配备了专门的康复训练室、专职的心理医生和物理治疗师。心理治疗对老年人的精神健康问题，特别是抑郁症、焦虑症、过度猜疑和老年痴呆症有深入的研究，在处理老年人心理问题上发挥了不可或缺的作用。康复训练则针对老年人老化过程中出现的视觉、听觉、嗅觉、味觉、触觉的转差，分别设置了针对性强但简便易学的康复训练项目。

（5）照顾者也得到了照顾。为舒缓养老服务从业人员，包括在家照顾老年人的亲属的身心压力，香港在各区设护老者支援中心。中心为照顾者进行精神和情绪上的疏导，组织联谊会和郊游等；同时，为加强他们对老年人的照顾能力，还举办一些护理知识讲座及经验交流。为让亲属有休息和调整的机会，中心还提供家中老年人的暂托服务。（张善斌，2011）

上述五点评价有一定代表性，可作为我国内地老年人福利工作者对香港养老服务体系的观感。

在香港，全面照顾模式（Holistic Care Model）被公认为提供老年人服务的最佳模式。老年人照料需求是生理的、社会的和心理的，但彼此之间又是紧密联系的；要全面地满足这些需求就意味着必须综合考虑，以综合的方式帮助有照料需求的老年人，以提高老年人的整体生活质量。（Chow，2004）

全面照顾模式认为老年人的照顾工作并非某一单一对象的职

责,而是需要家庭、社区、政府共同承担照顾责任。高度工业化与城市化使东亚地区许多家庭无力承担照顾责任,低税率政策让政府在照顾资源方面捉襟见肘,民间组织能够提供的服务也相当有限。因此,只有结合跨领域的资源与力量,形成全面照顾模式,才能兼顾各层面的养老问题与需求。

东亚地区的养老服务发展大都依循了上述模式。人们也担心"推行此类社会保障服务是否会加剧家庭的解体"(Korean Ministry of Health and Social Affairs, 1979: 46),但随着需求的膨胀,机构照顾逐渐被认为是传统家庭照顾老年人必要的替代。香港的问题已不再是探讨政府干预必要与否,而是政府应该多大程度及能否帮助家庭和社区照料老年人。(周永新、赵环,2010)

"照顾在社区"(Care in Community or Care in Place)符合中国人的传统,强调了社区生活对老年人的重要意义。虽然说"对老年人而言生活在社区是有价值,很多地区包括香港为家庭照顾提供的补充服务都严重不足"(Little, 1979)。尽管香港的老年人服务已迅速发展,但其供应总是长期落后于需求,许多需要帮助的老年人仍未得到充分的照顾。

正式照顾是指香港特区政府资助的、由社会服务机构提供的专业照顾。非正式照顾指由家人、朋友、邻居或社区中的自助组织所提供的对老年人的关怀。正式照顾与非正式照顾(Chow,2004)这两种系统似乎服务着不同的老年人群体;有家人的老年人主要接受以家庭为主的非正式照顾,而正式照顾服务的使用者往往是没有家人的老年人。尽管家庭仍然是养老的主要力量,但机构养老服务的需求正在逐渐增加。

正式照顾与非正式照顾系统的分离让它们仅能覆盖最迫切的、最需要关注的领域,而不能彼此补充。正式照顾及非正式照顾的定义,与基本养老服务体系及非基本养老服务体系相似又不尽相同。简单而言,在建立养老服务体系时,我们须认识到除了计划由政府提供或资助的服务之外,必须利用社会及社区教育,引导家庭、邻里、志愿者、企业共同为照顾老年人出力。

香港的养老服务体系并非没有缺点。丁华在反思香港养老服务时，认为需要重新整合特区政府与社区的力量，发动邻里互助、老年人义工、妇女义工等来配合社工。而正式照顾亦应走向综合性，避免服务过于分割。（丁华，2007）香港养老服务体系的主要问题有：①过高的院舍化比率；②过分依赖公帑；③院舍质量参差不齐；④小区照顾服务审查。

香港的养老服务很大程度上依赖特区政府公营的资助模式。事实上，无论是直接（透过资助非政府机构）或是间接（透过综援金），香港特区政府一直是长期护理服务最主要的资助者。2009年，资助院舍服务名额是21000个护理安老宿位。在这些宿位中，14391个由资助或合约院舍提供，余下的6614个则按改善买位计划提供。而小区照顾服务却只有7089个名额，资助院舍服务的开支是25.49亿港元，而小区照顾服务的开支只有3.81亿港元。（安老事务委员会，2009）

由于对小区照顾服务的资助不足，缺乏私营社区照顾服务，令老年人及其照顾者在没有其他选择的情况下，明显地倾向于选择住宿照顾服务。2009年的住宿照顾服务研究发现，香港接受院舍服务的老年人（65岁及以上）的比例相对较高（6.8%）。

随着人口老化，长期护理服务的需求将不断上升，目前大量宿位由私营安老院舍提供，占总宿位的约70%，但这些院舍的服务质量参差不齐。由于大部分私营安老院舍的服务使用者是综合社会保障援助（综援）计划的受助人，政府实际上是间接地资助了私营机构。因此，社会大众对私营院舍服务水平的不足非常关注。

至于小区照顾服务，约八成的服务成本通过特区政府向非政府机构拨款的"公共"模式提供。小区照顾服务并没有经济状况评审的机制，申请资助小区照顾服务的资格基于老年人的缺损程度、健康问题，以及家居护理评估的适应及/或环境危机。

从香港的经验来看，服务组织的大量扩张，极容易导致福利项目的重置、福利资源的浪费，以及照顾服务之间的断裂。（丁

华,2007)

香港的安老政策将循以下三个方向推进(安老事务委员会,2009):

方向一:提供年龄融合的综合性服务。

香港的社会福利服务设计,曾徘徊于综合服务和独立服务之间。20世纪70年代,香港曾跟随美国的潮流,引入"综合服务"的概念,确立以人为本及全面照顾的原则。但由于执行上、管理上和资源分配上的种种问题,到现今仍无法全面落实综合服务,仍以服务使用者的年龄作区分,如老年人地区中心、青少年服务中心等,各自发展。

以人为本的社会服务,最重要的是切合服务使用者需求。以社区支援角度来看,把不同的使用者区分为儿童、青少年、老年人等,无疑是分割社区支援的整体性。一个社区由不同年龄阶层的人士组成,每个群组都是一个支持系统,一旦作出人为的分割,便会导致社区的断裂;反之,若能互相配合,则可充分动用如土地、设施等资源。

例如,很少有青少年及成年人会主动到老年人邻舍中心和地区中心附近接触老年人,反而会视之为"老人村"而刻意远离,导致需要进行义工探访或邻里互助时,往往要通过相关机构对外寻求支持,既不方便亦不合情理。到了一定年纪的老年人虽不一定要其他人士协助或探访,但假如区内渐渐丧失其他年龄层的人士,便会造成社区孤立,对老年人的精神健康产生负面影响。另一方面,老年人何尝不可以是区内儿童的照顾者,或青年的社区服务伙伴?

因此,推行年龄融合策略,把不同年龄层的社会服务使用者结合起来有可取之处。具体方法是把老年人、青少年等的服务中心融合在同一个社区,使大家都能得到社会服务。最重要的是,机构能够互相合作,推行一连串的社区共融计划。让不同的人士参与其中,既能加强各年龄层人士的认识和合作,更能推广社区关爱,鼓励青少年、成年人多关心社区的老年人,探访、问候其生活状况等,使老年人在社区得到更好的支持,同时提升社区居民的幸福感。政府可在人口老龄化较重的社区兴建医院、地铁站甚至大学,增加青少年及成年人在日常生活中接触老年人的机会。大学中亦可兼办老年人学院,令青年与老年人在同一屋檐下学习,并互相切磋。

方向二:加大对非营利组织的资助。

除了政府推动外,许多民办机构亦担当着社会福利服务的重要角色。因此,政府应该对被挑选的非政府资助机构提供直接补助。为什么补助不是全面性的而是选择性的?原因是不少非政府资助的机构并不是全心全意为弱势群体提供福利,甚至有部分机构会以牟利为目标。挑选一些具有良好声誉或用心服务社群的机构,为他们提供援助,不但能鼓舞士气,也易于监管,更能避免不良机构滥用政府援助。也可利用服务补助券、定期资金援助等,让接受服务的老年人监管养老机构的服务。

政府应建立评估机制以确保养老机构的服务素质。同时订立各项具体服务标准,切实令民办机构完善其服务。老年人也可在受训后成为审核员。

方向三:多方面支持家庭照顾者。

在老年人养老服务中,照顾者无可置疑地担任着一个很重要的角色,包括老年人的配偶、子女或亲戚。这是由于他们是照顾老年人的前线人员,在照顾的过程里最易跟老年人发生冲突,或因心力交瘁而引致庞大的压力。尤其是他们并非专业的照顾者,很多时候会误以为老年人不体谅他们的辛劳,又或不懂得如何与老年人和睦相处,结果吃力不讨好,反而影响了家庭的良好关系。照顾者除了时间外,更需要资金上的援助。高血压、糖尿病等老年人常见的疾病,往往要做定期检查及服用处方药物,构成照顾者庞大的财政压力。

故此,政府应为照顾者提供支持,首先是资金式健康服务上的援助,药物及会诊费用往往占老年人开支的很大比例。其次是为照顾者提供合适的训练,让他们懂得如何跟老年人相处,减少彼此间的冲突和相处时的压力。最后为照顾者提供心理辅导，跟进其所照顾老年人的情况，这样才能鼓励照顾者肩负部分照顾老年人的责任。其他方式包括流动牙科、中医外诊服务，以及发放居家照顾者特别补贴，等等。

方向四：为失智老年人提供社区精神健康服务。

如今，失智症老年人日益增加，服务和配套设施却仍不足，故应优先加入初期评估，如智能状态测试、临床失智评估，区分正常退化和患有失智症的老年人。

社区精神健康服务须提供针对性的药物治疗，如提供各类适合的认知促进药物。还应提供针对失智症的脑部训练，如购物练习（运算能力）、地图练习（方向感）等，以活化或减慢老年人的脑部退化。

除此之外，政府应改善养老机构和老年人病房服务，增加更多的必需设施，如感知室、活动室、物理治疗室、平安钟等，使老年人的亲属能放心让老年人安居。香港的安老照顾全面化及专业化服务内容充实而多样化，但在私营安老院的监管上仍存在大量问题，如资助服务分龄割裂、协调困难等。珠海在参考香港模式时应取长避短，充分运用后发优势。

三、无缝社会养老服务模式在中国

本书中我们多次谈及无缝养老服务，作为一种欧洲普遍奉行的模式，究竟意何所指呢？我们需要解释"无缝养老服务模式"的定义。

笔者提出的无缝养老服务体系，其实包括两个服务概念，其一是无缝衔接的服务（Seamless Services），另一是整全照顾（Integrated Care），故名为无缝整全养老服务（Integrated and Seamless Aged Care）。

世界卫生组织老龄与生命教育顾问贺健诗博士（Dr. Irene Hoskins）指出，整全照顾有多种模式也有多种层次，但世界卫

第十六章 从珠海到中国：中国养老的社会实践

生组织坚信整全照顾的模式对发达国家和发展中国家和地区同样重要："The Ageing and Life Course programme of the World Health Organization has long been a firm supporter of the integrated care approach, recognising its special value for older populations, regardless of whether they live in developing or developed countries."她指出整全照顾已成为欧洲健康与社会照顾的主流趋势。

整全照顾将传统的健康照顾与社会照顾连接起来，提供以老年人为中心的跨专业服务，让社区服务更具弹性，让弱势群体能更有效地接受社区服务，从而融入社会。

在《整全照顾政策制定者的指引》一书中，Lloyd & Wait（2005）向欧洲以及全球的社会政策研究者倡导整全照顾及其系统执行方案，特别是为上述政策目标提供可行的步骤。

世界卫生组织早已于2003年提出整全照顾是改善基层医疗的主要路径。按上述定义而言，可称之为医社结合，与我国提出的医养结合在概念上非常接近。

Grone & Garcia-Barbero 于2001年将"整全照顾"定义为："从理念上将服务的投入、供给、管理和组织与诊断、治疗、照顾、康复及健康推广联系起来。"（Integrated care is a concept bringing together inputs, delivery, management and organisation of services related to diagnosis, treatment, care, rehabilitation and health promotion.）

该定义强调把资源管理按医疗过程结合成为一项统一的服务，但也强调了文化的差异性。

Kodner & Spreauwenberg（2002）对"整全照顾"提出了另一个定义，即"一套紧密协调的方法与模型，涵盖资金使用、行政管理、组织架构、服务供给与及临床层次的整体设计，以实现治疗与照顾两部分之间的连结、调适和配合"（Integrated care is a coherent set of methods and models on the funding, administrative, organisational, service delivery and clinical levels designed to create, connectivity, alignment and collaboration within and between the cure and care sectors)。

他们进一步提出整全照顾的结合可分为四个层面,即功能结合、组织结合、专业结合和临床结合。功能结合将在宏观层面通过资助和管理方法,协调治疗、照顾、预防和社会服务。组织结合属于中观层面的设计,鼓励医疗及社会服务制定策略性合作,甚至联盟和合并。专业结合也属于中观层面的设计,致力于推动健康照顾相关专业人士及团体,加强其交流、合作甚至融合。临床结合是微观设计,指对老年人的照顾从预防、治疗到康复这一系列过程中的延续服务,以及在基层健康服务供给中的合作和配合。

整全照顾对不同的持分者会有不同的意义。持分者主要包括服务使用者、服务提供者、服务管理者和政策制定者。对服务使用者而言,整全照顾是指无缝、畅通,以及容易查询与使用的照顾服务。对服务提供者而言,整全照顾意味着跨专业合作,就必须打破"各自为政"的工作流程。对服务管理者而言,整全照顾意味着机构之间的合作,需要面对新的服务评估制度,达到更广泛的机构目标,也意味着须管理更多数量及不同专业背景的员工。对政策制定者而言,整全照顾意味着对公共财政预算的重新编排,如公共财政支出 + 社会保险金支出 + 公共慈善基金支出,又如跨卫计、民政、教育、基建的财务预算。政策制定者要明白,一个服务领域的过度膨胀不一定有利于另一个服务领域的发展,例如,医院服务过度膨胀挤兑了基层医疗的空间,又如,城市汽车路面过度膨胀剥夺了行人的路面空间。政策制定者必须以更广阔的视野制定政策,以更全面的发展指标来衡量政策的成效;而社会政策的规划和评估指标的研究和制定就显得无比重要。

在实际操作层面,Llyod & Wait(2005)提出了五类措施:①不同领域的专业人士必须能分享资料与信息,所以建立一个以老年人为中心的跨医疗与社会服务的信息平台将十分重要。②沟通的程式及规格必须标准化,没有标准和统一的转介表格和流程,将无法建立医疗与社会服务的无缝连接。③统一跨专业的老年人需要评估,同步了解老年人的健康、社会及心理需要,避免老年人(病人)被重复评估,缺又无法询问到评估结果。④照顾服务的路径必须予以清楚制定。如英国就有"家庭医院"计划,病人了解具体负责治疗自己的医疗机构;我国的"家庭医生"计划就有利于对服务路径的界定,但还需要同时设定"家庭社工"计划。⑤"一站式"照顾服务必须设站到户。分别设立的健康和社会服务,会让老年人在有需要时四处奔走、求助无门。在这方面,可借鉴荷兰推行的"一扇窗"计划。

目前,整全照顾面临的困难有政策上的、系统上的和组织上的。

政策上的困难是要决定由谁支付费用,特别是公共财政应包底支付哪些人的哪些最基本、最迫切的健康和社会性服务。

系统上的困难在于如何监管和评估服务绩效,保证服务质量,评估工具必须能同时衡量健康及社会心理方面的成效,而评估人员也要具有医疗和社会工作方面的资历。

组织上的困难包括:首先,须打破各政府部门各自为政的科层话语结构,建立不同组织之间的合作和协调。例如,一家三甲医院与一家只有10名社工的家庭综合服务中心的服务领域和社会地位有很大的差异,如何使两者达成合作。其次,如何避免成本转嫁。在跨机构跨组织合作中,公营部门与民营部门、医疗机构与社工机构,都应形成服务链、产业链和资金链。一方面,希望能节省和控制总体成本;另一方面,单方面的成本转嫁只会损害服务质量,破坏合作,所以财务必须透明。最后,如何进行专业能力建设,让社区健康服务能自负盈亏,因此,服务提供者必须具备高效的实战能力。

香港地区的经验并不完全切合中国的实际,例如,香港过度依赖特区政府资源,机构养老比例偏高,等等,这些珠海都要予以避免。但设立综合型养老机构、发展非营利民办养老组织、支持家庭照顾者等,都是可供参照的。中国的目标应在于建立一个无缝的社会养老服务体系。

对于中国来说，为了实现"9073"的养老政策目标，必须首先针对那些不能自理的老年人的需要增加综合疗养院住房。为了区分各种术语，"老年宿舍"是指那些可"独立生活"的老年人的住房，老年人可以完全享受自己的生活；"老年人院舍"是指为老年人居民提供食物、洗衣和简单的保健和清洁服务的设施，提供的是一种"辅助生活"；"老年人护理院舍"是指为那些部分或完全不能照顾自己的老年人提供高水平护理的设施，全面照顾老年人的生活。综合疗养院应提供以上三种住房类型和生活方式。

综合疗养院将成为该地区老年人服务的核心，社会工作团队以综合疗养院为基地，辐射邻近的社区和家庭。每个综合疗养院要同时设立一个具有护理和康复功能的日间照料中心，并于邻近社区内设立多家同样的日间照料中心。

2013年8月16日，李克强总理主持国务院常务会议，指示老年人护理应与社会保障规定和健康保险等各方面的保健服务相结合。可以预见的是，社区医疗和护理机构将可以为生活在家庭中的老年人提供长期护理服务。此外，在社区、行政村一级，建议设立"社区厨房"，为老年人提供膳食，家务助理服务也可以由居委会或村委会组织和监督。现在由居委会或村委会雇用的社区工作人员可以接受培训，形成"社区社会工作服务队"，为该区的健康老年人组织有意义的活动。综合疗养院邻近的社区和家庭的社会工作者可以与这些社区社会工作者合作，形成一个互相连接的关怀网络，弥合服务机构之间的差距，形成无缝服务的框架。所有这些服务应由同一个非营利组织管理，包括社会工作服务、保健服务、康复服务和日常生活支持服务。

研究中国养老模式的服务发展时，我们必须谨慎解释相关数据。例如，一些城市可能声称养老服务全覆盖所有社区，然而社区老年人服务单位没有标准化的要求，很多时候这些设施由村区委提供，且不是专供老年人使用的。这些场所也没有专业工作者提供服务，效果令人怀疑。以下我们探讨了四个城市（深圳、上海、成都和珠海）的情况，这些城市的"十三五"规划提供了相当可靠的数据，可以让我们更准确地了解这些地区的老年人社会工作的发展情况。

1. 深圳

深圳毗邻香港，是仿效香港发展社会服务网络最早的城市之一。深圳人口主要是来自其他城市的移民，2014年户籍人口为1078万人，也是中国最年轻的城市之一。

然而民政部门数据显示，深圳将在2020年进入老龄化社会。2012年，深圳60岁以上的人口为18.5万，到2019年将增长到40多万。估计从中国其他城市迁入的60岁以上的居民将翻倍至80万人。此外，本土的"退休海啸"也将于2020年到达，之后每年将有大约5万名退休人员。

2015年，深圳有31间敬老院，其中9间为私立，22间为公立。总床位数包括家庭和日托中心共计8359张（深圳市民政厅，2016年9月25日）。深圳老年人协会主席卓新瑞表示，公办敬老院的实际床位数量只有4800张，服务人群只占老年人口的2.59%。此外，罗湖的公办敬老院轮候册有1600人，私立敬老院由于收费高，则还有2000张空置的床位。他进一步阐明公办敬老院不能满足老年人口的需要，因为它们在地理上不是均匀分布的；因为土地成本更便宜，大多数公办敬老院建于城市外围，这解释了为什么在市中心的唯一的公办敬老院的床位如此抢手。他指出，过去深圳市政府办公室将敬老院作为社会保障措施，主要为贫困者提供服务。现在养老机构的设施应该被视为社会发展和城市规划的一个组成部分（深圳新闻，2016年9月21日）。

此外，深圳有61家面向全市的老年人日托中心。2006年，深圳市政府启动了老年人居家照顾补助计划，为符合资格的老年人每人每月补贴500元以"购买"居家照顾服务。这标志着深圳老年人社会服务进入了专业化时代（深圳市民政厅，2011年）。

家务助理服务在过去10年的试点中非常受欢迎,但是为了应付未来的扩展,在招聘合适的受过训练的人员,包括家庭佣工、康复治疗师、护士和社会工作者方面依然面临很大的困难。

如上所述,深圳的公办敬老院多分散在城市的郊外;日托中心的分布就较为均匀,能设立于老年人群较多的社区附近。只有极少数机构同时运作居家养老服务和敬老院,换言之,机构照顾和社区照顾之间缺乏服务的连贯性。

2. 上海

与深圳相比,上海是一个年老的城市。早在1979年,60岁以上的居民已达到10%。根据"上海老年人服务白皮书"(上海市政府办公室,2016年),2014年常住人口(包括非户籍居民人口)为2426万人。与20世纪70年代末创立的深圳不同,上海是中国人口最多的城市,自然有一个巨大的老年人群体。2014年,60岁以上的人口为452万,占总人口的18.6%。

截至2015年底,上海共有699家养老院,共提供12.6万张床位,服务人群只占其庞大的人口基数的2.78%,接近国家"9073"养老政策目标的3%的老年人由机构照料养老的标准。在社区照顾方面,有442家日间照料中心,为1.5万名老年人提供社区照顾服务。上海市的另一项养老成就是开发了众多的公共老年人活动室,在面积和设施方面有特定的标准,从2013年开始,上海已经确定了100个地点,以建设"老年人友好社区"或"无墙养老院"。目前共设立了5407个活动室,每天服务超过30万老年人。除此之外,上海还组织了634家社区食堂,为7.3万名老年人提供价格合理的膳食。

除了经济方面,上海也要在社会福利方面成为全国性的领导者。香港抛弃了社会福利五年计划,上海反其道而行,开始进行详尽的社会福利规划,即"2013—2020年养老设施专项发展规划",涵盖了机构和社区护理服务设施,以下简称"上海老年规划"(上海市政府办公室,2013年)。它的目标是到2020年提供

15.7万张床位,或服务于3.75%的老年人口。其中,1.5%的床位应由护理床组成。

上海老年规划旨在为半径800米以内的老年人提供邻里设施,因此应该有6000多个老年人活动室、800家日间照料中心和200家综合中心。

有趣的是,上海老年规划建议未来养老院的规模应在100～300张床位之间。目前有43家养老院有300～500张床位,24家养老院有500多张床位(yanglao.com,2016年10月15日)。为了达到3%的老年人由机构养老的国家养老政策目标,上海市政府在过去10年建设了许多巨大的养老院。巨大的养老院自然产生严重的管理和后勤支持问题,也很难保持老年人与社区的关系。上海老年规划承认庞大的养老院是不可取的,转而建议兴建中型养老院。然而不幸的是,上海老年规划对机构照顾和社区照顾的整合,没有提出具体可行的建议。

3. 珠海

深圳毗邻香港,珠海毗邻澳门。珠海的户籍人口为150万,另有100万外来移民及其家庭。由于澳门也受到香港社会发展的影响,珠海在社会服务规划方面常常一并参考香港和澳门。

2015年珠海市的总体养老目标是"9064",指的是90%的老年人由家庭照顾,6%由社区照顾,4%由机构照顾,略高于国家"9073"的标准。当然,统计数据可能不能反映老年人在不同类别的家庭、社区和机构护理中实际享受到怎样的关怀。珠海的常住人口约为250万,而60岁以上的人口只占近13%,是一个相对年轻的城市。然而,一方面,按"9064"的标准,珠海仍未达到每千人有40张养老床位;另一方面,由于管理和维护不善,大部分公办养老院出现大量的空置床位,空置率达到70%。

珠海市民政局已委托珠海市城市规划办公室制定"珠海市老年人专项设施'十三五'发展规划"。幸运的是,规划办公室认为养老设施的"可达性"极为重要,以小于500米的半径作为规划标准。由于珠海市目前只在金湾区设立了3家日间照料中心，城市规划者可以自由全面地考虑未来养老设施的适合性，珠海可以说是社会规划的最后处女地。

在地理上，由于珠海城市化程度不高，还有大量未开发用地，养老设施较容易获得土地供应。在工作方面，人们较为轻松，享受五天工作制。所以在社会关系上，无论是本地人还是外来居民，都非常重视家庭活动，到了周末，人们可以花更多的时间探访在养老机构或家中的父母。珠海有适当的规划和温暖的冬天，完全可以建设成为一个有活力、宜居又最适合退休后生活的城市。

4. 成都

成都是中国西部内陆地区的中心，人口甚至比上海还要多。2015年，成都60岁以上的人口为260万，占全市总人口的21.17%。成都市政府办公室在其《关于加强老年人服务创新发展意见书》中宣布，目标是在2020年提供13.5万张床位。在这种情况下，机构养老的比例将达到4.5%，远远高于3%的国家养老政策标准。这个比例可能是必要的，因为成都80多岁以上的人口比例显著高于全国的平均水平（成都市政府办公室，2015年）。

成都的"十三五"养老服务规划相当具体。新开发区需要为老年人社区设施提供经费，并强调社区服务的整合。"四合一"模式被推广，即整合日间照料中心、居家养老服务、老年食堂和"微型老年人之家"。将为每5000户家庭兴建一个微型老年人之家，有10张或以上的床位；为每3000户家庭兴建一个提供日间托老服务的日间照料中心。"四合一"模式将为老年人提供包括家庭环境改善在内的综合服务。

在补充的"三年行动计划"中，成都市政府详细说明了社区微型老年人之家的设计面积为30平方米的居室。政府甚至会为这些房屋的建造提供一次性补贴80万元，每增加1个床位就增加1.1万元。未来3年,成都将建设200家微型老年人之家。

成都市的社会养老规划理念是目前最先进和最具文化理念的,它采用了社会规划方法和"嵌入式战略"。微型老年人之家被植入社区和地方文化,为老年人提供了一个像家一样的环境。完全不同于上海的方法,成都模式可能最适合于中国。

四、无缝社会规划下的嵌入式养老

总而言之,我们发现成都模式最有希望。其主要问题在于对护理的高需求以及缺乏训练有素的养老服务人员。上海急于提供更多的病床,建造了很多大型的养老院;他们最近的计划改变了方向,但由于巨大的老年人口压力,未来仍会以容纳100~300张床的中型养老院为主。

成都是坚持综合服务和微型老年人之家的先锋。嵌入式养老院在英国非常受欢迎,由英国卫生和救济部资助的PANICOA(防止虐待和忽视老年人的护理机构)计划的调查报告建议,小型和嵌入式养老院最能避免老年人受到"疏忽照顾"(老龄政策中心,2012年)。

深圳开发了良好的社区关怀,它仍然需要建立制度设施,不然养老服务项目之间会出现割裂,无法互补。珠海是四个城市中最后一个起跑者,但社会规划做得好,不排除有后发优势。

香港于1999年停止社会福利五年计划。2014年,面对养老机构护理床位和社区日间照料名额的严重短缺,香港特区政府再次要求香港安老事务委员会制订社会养老服务计划,可见社会规划对养老服务的重要性和先决性。

全面而综合的规划,才能保证社会养老服务的无缝衔接、医养结合。同时,在我国广大农村地区,嵌入式微型养老院是配合家庭观念与传统文化的首选。

无缝养老是指居家、社区和机构养老的无缝衔接,专业化养老是指跨产业、跨专业的无缝衔接。跨专业是指国家提出医养结合的形象概念，即包括医疗、护理、康复、营养、社会工作、心理咨询等专业，还可进一步延伸至教育、康乐、文化及体育事业。跨产业包括住房、饮食、生活用品、医疗器械、药物、信息产业等。

无缝养老服务体系首先要有政策引导，其次辅以社会及城市规划，建立财政及保险等资金支持，最后引导非营利性民办社工机构参与，才能产生良性互动，引导社会资本整合资源。活跃老年是政策的最终目标，无缝养老是养老服务的执行目标，两者相辅相成。

愿全中国的老年人都能在蓝天下畅游的日子早日到来。

参考文献

第一章：

[1] 珠海市统计局.珠海城市社区养老模式探索与研究［EB/OL］. http://www.stats-zh.gov.cn/tjzl/tjfx/201412/t2014 1203_189045.htm，2013-01-25.

[2] 珠海市统计局.珠海市统计年鉴2013［EB/OL］.http://www.stats-zh.gov.cn/tjsj/tjnj/201412/t20141219_192208.htm，2013-10-31.

第二章：

[1] 黄匡忠，吴耀辉，袁小良，李建贤.珠海市社会养老体系研究报告［C］.北京师范大学—香港浸会大学联合国际学院社会管理研究与服务中心，2014.

[2] Cumming, E. & Henry, W. E. *Growing Old*, *Aging and Old Age* [M]. New York Basic Books, 1961.

第三章：

[1] 珠海市统计局国家统计局珠海调查队.2013年珠海市国民经济和社会发展统计公报［EB/OL］.珠海统计调查信息网，http://www.stats-zh.gov.cn/o_tjgb/tjgb/2013.htm，2014-03-28.

[2] 珠海市统计局.珠海市统计年鉴2013［EB/OL］.http://www.stats-zh.gov.cn/tjsj/tjnj/201412/t20141219_192208.htm，2013-10-31.

[3] 张翼，李培林，陈光金，李炜，许欣欣.2014年社会形势分析与预测［M］.北京：社会科学文献出版社，2013.

第五章：

[1] 国务院.国务院关于建立统一的城乡居民基本养老保险制度

的意见（国发〔2014〕8 号）[EB/OL]. 中华人民共和国人力资源和社会保障部官网，http：//www. mohrss. gov. cn/gkml/xxgk/201405/t20140527_131029. htm，2014 - 03 - 08.

[2] 珠海市统计局国家统计局珠海调查队.2013 年珠海市国民经济和社会发展统计公报 [EB/OL]. 珠海统计调查信息网，http：//www. stats - zh. gov. cn/o_tjgb/tjgb/2013. htm，2014 - 03 - 28.

[3] 我市离退休人员基本养老金今年 1 月 1 日起调整 养老金人均月增 215 元 [N]. 珠海特区报，2014 - 03 - 27.

[4] 珠海市社会保险基金管理中心.2014 年市社会保险基金管理中心部门预算信息表 [EB/OL]. 珠海市社会保险基金管理中心官网，http：//www. zhsi. gov. cn/templates/201403/112127799. html，2014 - 03 - 24.

[5] 珠海市人力资源和社会保障局.关于我市离休干部医疗保障有关问题的通知（珠人社〔2013〕189 号）[EB/OL]. http：//www. zhsi. gov. cn/zhsi_news/gubpage_content. jsp? bm = bm03&cid = 12&id = 24826，2013 - 12 - 04.

[6] 珠海市人力资源和社会保障局.关于我市建国前参加革命工作的老工人医疗保障问题的通知（珠人社〔2013〕189 号）[EB/OL]. http：//www. zhrsj. gov. cn/xinxi/zcfg/shbx/201403/t20140313_6753495. html，2013 - 12 - 04.

[7] 赵来忠，刘湘宁，巫建霞，陈京平，孔维巍，李瑛.珠海城市社区养老模式探索与研究 [EB/OL]. 珠海统计调查信息网. http：//www. stats - zh. gov. cn/o_tjgb/tjgb/2013. htm，2014 - 03 - 28.

[8] 珠海启动"银龄安康行动"，逾 1.6 万名老年人受益 [N]. 珠海特区报，2014 - 05 - 28.

[9] 黄匡忠，吴耀辉，袁小良.珠海社会建设现状与未来 [C]. 北京师范大学—香港浸会大学联合国际学院社会管理研究与服务中心，2014.

[10] 珠海市统计局国家统计局珠海调查队.2013年珠海市国民经济和社会发展统计公报［EB/OL］.珠海统计调查信息网. http://www.stats-zh.gov.cn/o_tjgb/tjgb/2013.htm，2014-03-28.

第六章：

[1] 国务院办公室.社会养老服务体系建设规划（2011—2015年），国办发〔2011〕60号，2011.

[2] 珠海市人民政府办公室关于加快社会养老事业发展实施意见通知.珠府办〔2013〕1号.

[3] 珠海市规划设计研究院.珠海市社会福利设施布局规划（2006—2020）［EB/OL］.http://wenku.baidu.com/link?url=Q-B4FQLb_uSXvK6PQPZf D66DAjjE 93Khs49Yv-5TDsR0_7p9kyDRbRimCA1jKne MsMbRiEKJSiC XpkibEhD6EEhFiX4y7m UhdmyEauUfkM7，2016.

[4] 珠海市民政局.珠海市社会福利机构情况统计表［EB/OL］.百度文库，http://wenku.baidu.com/link?url=63xFvuFjxtA1i WBzocwGGkpoN2wLtaCLEYAFkv6MbHzZuOtxYZJVA4rVfI EiWj AUTpduaehV6COmIicPgfQwEADtg85EOFq0Hn2zL2O BRDq，2011-06-15.

[5] 吴耀辉.珠海市社会福利中心全市养老机构社工巡回服务项目服务调研［C］.北京师范大学—香港浸会大学联合国际学院社会管理研究与服务中心，2015.

[6] 黄匡忠.金湾社区养老服务需要调查报告［C］.北京师范大学—香港浸会大学联合国际学院社会管理研究与服务中心，2015.

第七章：

[1] 珠海市统计局国家统计局珠海调查队.2013年珠海市国民经济和社会发展统计公报［EB/OL］.珠海统计调查信息网.http://www.stats-zh.gov.cn/o_tjgb/tjgb/2013.htm，2014-03-28.

[2] 珠海市民政局.珠海市推进居家养老服务工作指导意见（珠

民〔2011〕7号），2011.

第八章：

［1］王真.银色经济：论老年餐饮业的发展前景［C］.淮北师范大学第四届财经论文比赛参赛作品. http://wenku. baidu. com/link？ url = toJ3pzVYaumvcW7 YoFJfBiHrtw06 _ OIPzxh-GEoho YO6MFfY9JLIw5YWtAIFp24s6sGryk p34fpztPwcTJbl - NDbd2sk AXtGEGM - vFUCGJ2W，2011 - 06 - 12.

［2］2012—2016年中国绿色食品市场供需预测及投资战略咨询报告［EB/OL］.中国产业研究报告网. http：//www. chinairr. org/view/V08/201212/26 - 117178. html，2014 - 03 - 29.

［3］刘军，王正义.中国老年食品市场忧思录［EB/OL］.慧聪食品工业网. http://info. food. hc360. com/2014/04/030843808261. shtml，2014 - 04 - 04.

［4］爱心厨房专为老年人做饭送饭［N］.成都商报，2012 - 03 - 15.

［5］莲塘村老年人：一日三餐，免费吃食堂［N］.福建日报，2014 - 05 - 13.

［6］周锡武.助贫送饭团队［EB/OL］.香洲区慈缘纯公益中心. http：//cycgy. cn/a/zhupinbangfu/20140925/29. html，2014 - 04 - 29.

［7］九十万善款助力社区老年食堂［N］.青岛日报，2014 - 11 - 04.

［8］珠海市首个社区居家养老服务中心今起试运营［N］.南方都市报，2011 - 03 - 01.

［9］香洲区民政局.购买居家养老日托服务实施方案（珠香民〔2012〕17号），2012.

［10］香洲区民政局.香洲区居家养老日托服务3年共支出210多万元［EB/OL］.珠海市香洲区民政局官网. http：//mzj. zhxz. cn/show. asp？ id = 1&newsid = 283599690&skin = 1，2013 - 12 - 27.

[11] 梅华街道聘请专业社工为社区老年人提供居家养老服务 [EB/OL]. 珠海新闻网. http://www.zhnews.net/html/20110413/081410, 288431. html, 2011-04-13.

[12] 珠海城市社区养老模式探索与研究 [EB/OL]. 珠海市统计局. http://www.stats-zh.gov.cn/o_tjfx/ofx_ztfx/201301/2013012508506. htm, 2013-01-28.

[13] 珠海市民政局. 关于加快推进社区（村）居家养老服务站点建设的实施方案 [EB/OL]. http://www.zhmzj.gov.cn/zwxx/tzgg/201403/t201403, 2014-03-13.

第九章：

[1] 中国老龄委员会，中国老龄科学研研究中心. 中国老龄社会2016报告 [EB/OL]. 烟花美文网. http://www.39394.com/fanwen/gongzuobaogao/58145. html, 2016-08-22.

[2] 大庆家政服务中心. "家政"订单三成专为照顾老年人 [EB/OL]. 大庆网. http://www.dqdaily.com/dqw/xwzx/szxw/2012-12/21/content_1363058. htm, 2012-12-21.

[3] 国家统计局珠海调查队. 珠海市家政服务业发展现状深度分析 [EB/OL]. 中商情报网. http://www.stats-zh.gov.cn/o_tjfx/ofx_ztfx/201212/2012122708447. htm, 2013-09-02.

[4] 李炜. 照顾老年人的家政人员仅能满足需求的1/5 [N]. 凤凰卫视, 2013-02-11.

[5] 吴琼瑶. 对老年家政服务市场需求与开发问题的思考 [EB/OL]. 世界大学城网. http://www.worlduc.com/blog2012.aspx? bid=7567320, 2012-05-20.

第十章：

[1] 珠海市卫生计生局. 珠海市医疗机构目录 [EB/OL]. 搜狗网. http://www.sogou.com/link? url = DSOYnZeCC_qnNXwGscK4MOb-EMrOnIxphT_MinnVAyeHs0Rln2z8y0 KPxUkt3udtVmMcHMwj Iy1xt6szfezkFp3pxFlg5elfF&query = %5D%E7%8F%A0%E6%B5%B7%E5%B8%82%E5%8C%BB%E7%96%

97%E6%9C%BA%E6%9E%84%E7%9B%AE%E5%BD%95,2013-05-10.

[2] 王羽,任苒.2000年人人享有卫生保健与初级卫生保健[J].中国初级卫生保健,1992.

[3] 周萍.老年人社区护理需求的调查分析[J].中国初级卫生保健,2005(6).

[4] 安荣泽,林伟庭,李均,张兴毅,石燕飞.非公有制社区卫生服务机构参与公共卫生服务补偿机制研究[J].中国初级卫生保健,2010(10).

[5] 珠海:"家庭病床"年内有望纳入医保[EB/OL].中国新闻网.http://zh.cnr.cn/zhfwzt/2009zhlh/zxbd/200902/t20090228_505252142.htm,2014-04-12.

第十三章:

[1] 陈叔红.养老服务与产业发展[M].长沙:湖南人民出版社,2007.

[2] 上海市老龄科学研究中心课题组.上海老龄事业社会化、产业化的理论和实践探讨[J].老龄问题研究,2004(7).

[3] 方甲.产业结构问题研究[M].北京:中国人民大学出版社,1997.

[4] 苏东水.产业经济学(第三版)[M].北京:高等教育出版社,2000.

[5] 刘书鹤,高利平.论老年经济实体与老龄产业之异同[J].市场与人口分析,2001(6).

[6] 张智敏,唐昌海.发展老龄产业的经济学分析[C]//程勇.21世纪的朝阳产业——老龄产业第二届全国老龄产业研讨会论文集.北京:华龄出版社,2001.

[7] 杨宏.人口老龄化形势下发展中国老龄产业[J].大连海事大学学报:社会科学版,2006(2).

[8] 陆杰华.关于我国老龄产业发展现状、设想与前景的思考[C]//程勇.21世纪的朝阳产业——老龄产业第二届全国老

龄产业研讨会论文集，北京：华龄出版社，2002.

[9] 台恩普. 南非共和国老龄工作考察报告 [J]. 人口与发展，2005（s1）.

[10] 国家统计局. 2002年中国统计年鉴，2002.

[11] 黄成礼，庞丽华. 人口老龄化对医疗资源配置的影响分析 [J]. 人口与发展，2011（2）.

[12] 冯长荣. 对发展老龄产业的思考 [C]//程勇. 21世纪的朝阳产业——老龄产业第二届全国老龄产业研讨会论文集，北京：华龄出版社，2001.

[13] 张智敏，唐昌海. 发展老龄产业的经济学分析 [C]//程勇. 21世纪的朝阳产业——老龄产业第二届全国老龄产业研讨会论文集，北京：华龄出版社，2001.

[14] 程勇. 全国老龄产业四次会议的回顾和展望 [EB/OL]. 中国老龄办官网. http://www.cncaprc.gov.cn，2009-06-11.

[15] 李本公. 促进老龄产业发展提高老年人生活质量 [C]. 中国老龄协会，全国老龄产业理论与政策研讨会，2004.

[16] 中国公益研究院养老研究中心. 首期中国养老产业管理高级研修班资料 [EB/OL]. 北京师范大学. http://www.bnu1.org/provide/exchange/1415.html，2013-04-29.

[17] 黄匡忠，李建贤，袁小良，吴耀辉. 珠海市养老体系报告书 [C]. 北京师范大学—香港浸会大学联合国际学院社会管理研究与服务中心，2014.

[18] 黄匡忠，袁小良，陈昕. 珠海养老产业发展研究报告 [C]. 北京师范大学—香港浸会大学联合国际学院社会管理研究与服务中心，2014.

[19] 珠海市规划设计研究院. 珠海市《养合设施布局规划》. 2016-08.

第十五章：

[1] 国务院办公室. 社会养老服务体系建设规划（2011—2015年），国办发〔2011〕60号，2011.

［2］孙玉琴.民政部、发改委组织召开基本养老服务体系专家论证会［J］.中国民政，2010（6）.

［3］Chow, N. 周永新. The urban elderly in developing east and southeast Asian countries. In Schulz, J. H. and Davis－Friedmann, D.（Eds.）. *Aging China: Family, Economic, and Government Policies in Transition*［M］. Washington, D. C.: The Gerontological Society of America, 1987.

［4］张善斌.香港安老服务经验及其启示——关于赴港澳学习考察养老服务的报告［EB/OL］.青岛市民政局社会福利处，http://www.gzdw.gov.cn/n289/n423/n2318214/c2625924/content.html，2004－08.

［5］Chow, N. Asian value and aged care［J］. *Geriatrics and Gerontology International*, 2004（4）.

［6］Korean Ministry of Health and Social Affairs. Changing family patterns and social security protection: The case of Korea［C］// *Changing Family Patterns and Social Security Protection*. New Delhi: International Social Security Association Regional Office for Asia and Oceania, 1979.

［7］周永新，赵环.中西合璧的老年人支持体系——香港所追求的全面照顾模式［J］.人口与发展，2010，16（3）.

［8］Little, V. C. Open care of the aging alternative approaches［J］. *Aging*, 1979, 301（2）.

［9］丁华.整合与综合化——香港养老服务体系改革的新趋势及其借鉴［J］.西北人口，2007（1）.

［10］安老事务委员会.就老年人住宿照顾服务所进行的顾问研究［C］.香港大学，2009－12.

［11］珠海市人民政府办公室.印发关于加快社会养老服务事业发展实施意见的通知（珠府办〔2013〕1号）［EB/OL］.http://zwgk.gd.gov.cn/006988427/201303/t20130304_368679.html，2013－01－05.

［12］卫生部，发改委.社区卫生服务机构建设规划［J］.中国社区医师，2010（3）.

［13］珠海市人民政府办公室.关于加快社会养老事业发展实施意见通知（珠府办〔2013〕1号），2013.

［14］国务院.加快发展养老服务业 推动社会力量介入.中新网8月16日电，2013.

［15］黄匡忠，李建贤，袁小良，吴耀辉.珠海市养老体系报告书［C］.北京师范大学—香港浸会大学联合国际学院社会管理研究与服务中心，2014.

［16］国务院办公厅.关于印发社会养老服务体系建设规划（2011—2015年）的通知（国办发〔2011〕60号）［EB/OL］. http：//jnjd. mca. gov. cn/article/zyjd/zcwj/201112/20111200 248281. shtml，2011 - 12 - 28.

第十六章：

［1］Hoskins，I. Foreword. in Lylod & Wait. *Integrated Care a Guide for Policy Maker.* Alliance for Health and the Future，2005.

［2］Lylod，J. & Wait，S. *Integrated Care a Guide for Policy Maker.* Alliance for Health and the Future，London，2005.

［3］Grone，O. & Barbero，G. M. Integrated care：a position paper of the WHO European Office for Integrated Health Care Services［J］. *International Journal of Integrated Care*，2001（1）.

［4］Kodner，D. L. & Spreeuwenberg，C. Integrated care：Meaning，logic，applications，and implications：A Discussion Paper［J］. *International Journal of Integrated Care*，2002（2）.

［5］朱勇.老龄宜居社区（基地）标准［EB/OL］.中国老年宜居养生产业联盟. http：//www. cehia99. org/a/zxzx/zcfg/lmbz/645. html，2014 - 09 - 16.

［6］老龄办.老龄宜居社区（基地）标准［EB/OL］. http：//www. cncaprc. gov. cn/news/37789. jhtml，2013 - 10 - 18.

［7］支持家庭养老建设宜居环境——解读新修改的老年人权益

保障法 [N]. 法制日报，2013-01-04.

[8] 推出老年宜居城市排行榜 保障老年人过上舒心生活——珠海、香港、海口位列前三 [N]. 老年人，2014-09-01.

[9] 杨珠海：从中国宜居迈向国际宜居 [N]. 扬子晚报，2014-11-14.

[10] 珠海市政府办公室. 珠海建设国际宜居城市指标体系（征求意见稿）[EB/OL]. ZH00-03-2014-020361，http://xxgk.zhuhai.gov.cn/ZH00/201411/t20141105_6888966.html，2014-11-05.

[11] 机构发布养老城市排行榜三亚珠海厦门居前三 [N]. 投资时报，2014-11-15.

附 录

佛山市顺德区星宇社会工作服务中心简介及其养老院舍工作表格

佛山市顺德区星宇社会工作服务中心成立于2011年3月，发展至今，星宇社会服务团队已拥有超过30个服务站点，主要服务领域包括残疾人服务、家庭/社区综合服务、长者综合服务、学校社会工作、医务社会工作、社会企业、社会工作专业培训及课题研究等。

星宇作为一个提供全面社会工作服务的机构，因应社会的需求，发展开拓各项服务，并每年举办全顺德区的大型公益活动服务社会，普及社区公益教育及倡导共融。星宇先后荣获佛山第三届公益慈善之星"红玫瑰奖""2013年顺德年度公益组织""首届全国社会工作服务示范单位""广东省社会工作人才重点实训基地"及"佛山市社会工作人才重点实训基地"等荣誉，2016年11月更成为顺德区首家获评5A社会组织等级的社工机构。

1. 星宇社会服务中心的价值观

我们相信，社会服务能为有需要的人群带来光明与希望；

我们相信，每个人都拥有尊严和独特性及其本身的价值和潜能；

我们相信，积极推动社群的参与，能够建立一个互助关爱的社会。

2. 星宇社会服务中心的使命

助人自助　全人发展　服务社群

3. 星宇社会服务中心的愿景

以本土为基地建立跨专业社会服务团队，发挥专业精神，提供质、量俱佳及全面的服务，成为具规模及全面的社会工作服务机构。

4. 星宇长者服务组简介

星宇社会工作服务中心把所有承接长者服务的单位优化整合成为"星宇长者服务组"，为长者提供更加优质的服务，致力于推动顺德区长者服务的发展。

（1）星宇院舍长者社工服务。星宇社会工作服务中心最早于2010年开始，在顺德区容桂冯派普敬老院推行驻院社工服务。本着"尊老、爱老、奉献爱心、服务社群"的价值理念，致力于以专业精神及积极进取的服务态度竭诚为长者提供贴心的服务。而后相继在顺德区颐养院、顺德区大良颐年苑、顺德区大良凤城敬老院开展院舍长者社工服务。2016年，中心承接顺德区乐从敬老院及顺德区伦教敬老院的院舍社工督导服务。

（2）星宇长者综合服务。2014年12月，星宇社会工作服务中心承办了杏坛镇居家养老服务以及杏坛镇长者日间照料服务，长者综合服务中心致力于为镇内独居、自理能力有限、需要照顾的长者提供多元化的服务，如长者日间护理、助餐服务、康复保健服务、家政服务、紧急救援、心理慰藉、服务培训、文娱活动、陪护服务、转介服务等，让长者享受健康丰盛、有保障的生活，发挥长者的潜能，达到老有所为、老有所属、老有所乐，让长者过一个多姿多彩的晚年生活。

很多社会组织有心推动养老服务，但对工作的执行缺乏经验。为了方便大家学习行之有效的做法，特别邀请星宇社会工作

附　录　佛山市顺德区星宇社会工作服务中心简介及其养老院舍工作表格

服务中心分享他们养老院舍的行政表格系统，以资借鉴。特此鸣谢朱月霞女士和曾家乐先生。

★附录所有表格仅供《无缝社会养老服务体系探索》一书参考教育之用途，如需使用，请注明"表格来源：佛山市顺德区星宇社会工作服务中心"。

附表1　有关养老院服务咨询□/接案□记录

服务单位：_____

个案编号：_____
填表社工姓名：_____
立案日期：_____
案主来源：
社工外展□　　主动求助□　　转介□　　其他_____

转介人资料（如适用）
姓名：_____　单位名称：_____　与案主关系：_____
联络电话：_____　地址：_____

第一部分：案主资料

姓名：_____　性别：□男　□女　　所操方言：_____
年龄：_____　身份证号码：_____
地址：_____
联络电话：_____/_____
婚姻状况：□未婚　□同居　□已婚　□分居　□离婚　□丧偶
□退休前职业/□最高学历：_____　每月个人/家庭总收入：_____
居所类别：□租住房屋　□自置物业　□宿舍　□其他 　　　　　（请注明）：_____
是否有本辖区户籍：□是　　□否
是否正在使用社会救助服务： □是（请注明）：_____ □否

217

主要家庭成员资料：

姓名	关系	性别	年龄	工作单位	联系电话	备注
1.						
2.						
3.						

问题/需要（可多于一项）：
1. □住屋问题
2. □身体问题
3. □吸毒/□酗酒/□赌博
4. □行为问题
5. □照顾类问题
6. □家庭暴力（□虐儿 □虐待配偶 □虐老）
7. □情绪（□死亡 □疾病 □自杀 □悲剧 □其他）
8. □职业
9. □经济援助
10. □院舍住宿安排（□儿童 □青少年 □老年人）
11. □康复服务（□身体残疾 □智力障碍 □精神复康）
12. □婚姻问题
13. □家庭关系（□姻亲 □兄弟姐妹 □父母子女 □其他）
14. □人际关系（□约会 □同事 □邻居 □其他）
15. □学习问题
16. □未婚怀孕/□滥交
17. □怀疑/□确定 精神病
18. □司法矫正/安置帮教
19. □其他（注明：_____）

附 录 佛山市顺德区星宇社会工作服务中心简介及其养老院舍工作表格

案主认为需要处理的问题/转介方表示需要社工帮助处理的问题（按优先次序）：_____
_____
社工评估服务需求：_____
_____

申请人签名：_____ 日期：_____
负责社工签名：_____ 日期：_____
社工主任签名：_____ 日期：_____

附表 2　养老院服务个案需求评估

服务单位：_____

一、基本资料

姓名：_____　　　　性别：_____　　　　年龄：_____
民族：_____　　　　籍贯：_____　　　　职业：_____
犯罪记录：否□　有（请注明）：_____
文化程度：小学及以下□　初中□　高中/职中□　大学□　硕士□
　　　　　博士□
家庭住址：_____
联系固话：_____　移动电话：_____
婚姻状况：未婚□　已婚□　离婚□　丧偶□　再婚□
健康状况：良好□　一般□　差□　其他_____
遗传病史：否□　有（请注明）：_____

二、服务对象来源

社会工作者发现　□
本人求助　　　　□
他人求助　　　　□　与案主关系：_____
机构转介　　　　□　转介联络人：_____　电话号码：_____
转介机构地址：_____
其　　他　　　　□_____

三、案主需求评估量表

　　请填表社工向案主作如下解说：填答本问卷，是为了了解案主过往 6 个月可能面对的各方面问题，请尽量小心并准确回答每个项目。答案并没有对错之分，你对现状的主观感受最重要。本量表只适用于社工评估与案主自评存在差异时使用。

在过往6个月内，你是否有如下问题		社工评分					案主自评					注明举例
		没有	不严重	严重	不知道	不适用	没有	不严重	严重	不知道	不适用	
生理问题												
1	胃口出现问题	0	1	2			0	1	2			
2	健康出现问题	0	1	2			0	1	2			
3	记忆力方面出现问题	0	1	2			0	1	2			
4	肢体出现问题	0	1	2			0	1	2			
5	睡眠出现问题	0	1	2			0	1	2			
住房问题												
5	房屋损毁	0	1	2			0	1	2			
6	房屋租借出现问题	0	1	2			0	1	2			
7	房屋产权出现问题	0	1	2			0	1	2			
行为习惯方面												
8	出现饮酒过量问题	0	1	2			0	1	2			
9	出现药物、毒品、酒精饮品依赖等问题	0	1	2			0	1	2			
10	出现沉迷赌博问题	0	1	2			0	1	2			
11	工作/学习专注力出现问题	0	1	2			0	1	2			
精神方面												
12	有奇怪或令人困扰的思想	0	1	2			0	1	2			
13	听到奇怪的声音对你说话	0	1	2			0	1	2			

续上表

在过往6个月内,你是否有如下问题		社工评分					案主自评					注明举例
		没有	不严重	严重	不知道	不适用	没有	不严重	严重	不知道	不适用	
14	见到别人看不见的奇怪影像	0	1	2			0	1	2			
15	觉得有人伤害你	0	1	2			0	1	2			
16	感到抑郁以致影响日常生活	0	1	2			0	1	2			
17	感到恐惧、焦虑以影响日常生活	0	1	2			0	1	2			
18	想袭击其他人	0	1	2			0	1	2			
19	有结束自己生命的念头	0	1	2			0	1	2			
20	曾有自毁行为,如割脉	0	1	2			0	1	2			
人际关系方面												
21	经历感情□婚姻□关系变化	0	1	2			0	1	2			
22	经历感情□婚姻暴力□虐待□事件	0	1	2			0	1	2			
23	觉得管教□照顾□子女有困难	0	1	2			0	1	2			
24	觉得父母□子女□被虐待	0	1	2			0	1	2			
25	与父母□子女□相处出现问题	0	1	2			0	1	2			
26	与朋友□同事□邻居□相处有问题	0	1	2			0	1	2			

续上表

27	与兄弟姐妹相处出现问题	0	1	2		0	1	2	
28	姻亲相处出现问题	0	1	2		0	1	2	
29	经历亲人□朋友□去世与哀伤	0	1	2		0	1	2	
工作/学业方面									
30	学业上有困难	0	1	2		0	1	2	
31	工作不稳定	0	1	2		0	1	2	
32	就业□择业□难	0	1	2		0	1	2	
33	有经济困难□压力□	0	1	2		0	1	2	
其他									
34	缺乏照顾□支持□	0	1	2		0	1	2	
35	其他	0	1	2		0	1	2	
		重点问题_____分 非重点问题：_____分				重点问题_____分 非重点问题：_____分			

注：重点问题在 5 分或以上则需要个案辅导；案主自评与社工评分上有 4 分以上差别者也需要个案辅导。

□没有完成行为量表（原因：□ 不需要（请说明）_____
　　　　　　　　　　　　　□ 当事人未能/拒绝回答
　　　　　　　　　　　　　□ 转介人未能提供详情
　　　　　　　　　　　　　□ 其他（请说明_____）

四、社会工作者诊断评估
1. 家庭关系图
2. 社工建议及行动

危机因素：□ 没有　　□ 有（必须注明：_____）
紧急服务：□ 不需要　□ 需要（必须注明：_____）
社工实时建议及已采取的行动：
_____

附　录　佛山市顺德区星宇社会工作服务中心简介及其养老院舍工作表格

3. 建议跟进工作
□ 需要跟进，所需服务：
　　　　□ 发展性小组/活动/服务（必须注明：_____）
　　　　□ 支援小组/活动/服务（必须注明：_____）
　　　　□ 深层辅导个案
　　　　□ 转介至：_____
□ 不需要跟进（注明原因_____）
案主是否明白及愿意接受服务建议：□ 愿意 □ 不愿意 □ 不肯定/未决定
　　　　　　　　　　　　　　　　□ 不适用
当事人救助动机：□ 极低　　□ 低　　□ 一般　　□ 高　　□ 极高
如不愿意，请注明原因及建议其他跟进工作：
_____
社工备注：
_____

五、主管意见
1. 需要跟进：□ 是　　　□ 否
2. 被委派的社工：_____
3. 跟进工作：□ 发展性小组/活动/服务（必须注明：_____）
　　　　　　□ 支援小组/活动/服务（必须注明：_____）
　　　　　　□ 支援/一般辅导/深层辅导个案
　　　　　　□ 潜在个案（在_____或之前回复是否有个案服务需要）
4. 备注：□ 请完成行为量表评估
　　　　□ 再次尝试邀请案主接受辅导服务
　　　　□ 厘清案主是否明白及愿意接受辅导服务
　　　　□ 转介至：_____
　　　　□ 进一步评估风险（注明：_____）
　　　　□ 提供实时危机介入（注明：_____）
　　　　□ 其他_____
负责社工签名：_____　　日期：_____
直属主管签名：_____　　日期：_____
社工主任/副主任签名：_____　　日期：_____

223

附表3 养老院介入服务方案

服务单位：_____　　个案编号：_____

立案日期：_____　　填表日期：_____

个案所持问题及概况	备注：需要注明案主的家庭关系图分析以及个案分析评估概述
服务介入目的与目标	
服务理论	
具体介入方案	

续上表

社工主任意见	社工主任（签名）：_____ _____年_____月_____日

案主是否已知晓并同意以上介入方案：□是　□否
负责社工签名：_____　　　　　日期：_____
社工主任签名：_____　　　　　日期：_____

附表4　养老院个案记录

服务单位：_____
个案编号：_____　　　　第_____次跟进

日期 & 时间（由____至____）	联络方法	内容　　　第____页
		（1）本次跟进目标
		（2）过程/摘要

续上表

日期&时间（由___至___）	联络方法	内容　　　　第___页
		（3）社工分析/总结 （4）下次跟进计划/工作 （5）助理社工主任意见

注：
1. 此表用于详细记录个案服务的过程及内容，所记录的内容格式不限，以清晰具体为重点。
2. 接触形式如家访、面谈辅导、电话联络、与同僚或其他专业人士之联络及有策划的观察等，须每次记录重点。

负责社工签名：_____　　　　日期：_____

社工主任签名：_____　　　　日期：_____

附表 5　养老院个案介入效果评估统计（中期）

服务单位：_____
个案编号：_____　　开档日期：_____
社工人员：_____　　评估期间：由_____到_____
个案中期
A 部分
1. 处理问题及成效

处理的问题	描述	个案发展					备注
		改善进步很大	有改善进步	无转变	退步	退步很大	无资料评估	
主要问题（　　　）							
其他问题 1（　　　）							
其他问题 2（　　　）							
其他问题 3（　　　）							
工作人员对此个案的整体评估							

2. 期间接触数目

接 触 方 法	接 触 次 数
与案主面谈	
向与案主相关的工作人员了解情况	
小组面谈	
小组活动	
个案会议	
其他	

3. 个案服务计划与介入方法是否需要调整，如需调整，原因及调整内容：
   _____
   _____
   _____

4. 助理社工主任评语：同意调整 □   不同意调整 □
   原因：_____
   _____
   _____

负责社工签名：_____   日期：_____
社工主任签名：_____   日期：_____

附表 6 养老院个案介入效果评估统计（终期）

服务单位：_____

个案编号：_____ 开档日期：_____

社工人员：_____ 评估期间：由_____到_____

个案终结

A 部分

1. 处理问题及成效

处理的问题	描述	个案发展					备注
		改善进步很大	有改善进步	无转变	退步	退步很大	无资料评估	
主要问题（ ）							
其他问题1（ ）							
其他问题2（ ）							
其他问题3（ ）							
工作人员对此个案的整体评估							

2. 期间接触数目

接 触 方 法	接 触 次 数
与案主面谈	
向与案主相关的工作人员了解情况	
小组面谈	
小组活动	
个案会议	
其他	

3. 主要结案原因（若适用）：
   ○ 目标已达成，不需再跟进
   ○ 案主不愿继续接受服务
   ○ 案主已离开本服务地域
   ○ 所需服务超出范围
   ○ 其他（请注明）：_____

4. 社工主任评语：同意结案 □　　不同意结案 □
   原因：_____
   _____
   _____

负责社工签名：_____　　日期：_____
社工主任签名：_____　　日期：_____

B 部分
结案部分：
这次个案服务计划已完成并
1. 已与案主完成了最后面谈及案主回馈表　　是 □　否 □
2. 案主被通知个案结束　　　　　　　　　　是 □　否 □
3. 案主同意个案结束　　　　　　　　　　　是 □　否 □
（如否，请注明原因）
_____
_____

4. 案主对服务成效的意见
_____
_____

5. 工作人员已填好服务统计数　　　　　　　　是 □　　否 □
需要补充资料：
_____
_____

总体来说，本个案介入是否成功？　　　　成功 □　　不成功 □
负责社工签名：_____　　日期：_____
社工主任签名：_____　　日期：_____

附表7　养老院个案结束评估

服务单位：_____　　个案编号：_____
社工姓名：_____　　立案日期：_____

1. 你对负责社工的表现满意吗？
□非常满意　　　　　　　□满意　　　　　　　□一般
□不满意　　　　　　　　□非常不满意

2. 负责社工对你提供了何种帮助？请从下列范围挑选（可选多项）
□没有提供帮助　　　　　　□提供有用帮助
□婚姻关系　　　　　　　　□家庭关系
□生活适应　　　　　　　　□情绪辅导
□转介服务　　　　　　　　□管教子女技巧
□行为问题　　　　　　　　□学习问题
□复康工作　　　　　　　　□健康问题
□人际关系　　　　　　　　□就业辅导
□经济援助　　　　　　　　□司法矫正/安置帮教
□其他（请注明）_____

3. 总体而言，服务能否协助你面对/解决你的困难？
　　　　完全不能　　　　　　　　完全解决
　　　　0　1　2　3　4　5　6　7　8　9　10

4. 自接受本中心服务后，你的情况有否改善？
　　　　完全没有改善　　　　　　完全解决
　　　　0　1　2　3　4　5　6　7　8　9　10

5. 与社工接触时，你对解决你的困难的积极性如何？
　□非常积极　　　　　　　□积极　　　　　　　□一般
　□不积极　　　　　　　　□非常不积极
6. 本个案结束之时，你与社工双方同意的目标能否达到？
　□能　　□不能（原因：_____）
7. 其他评语或意见：
_____
案主签名：_____　　日期：_____
注：此评估表为一个通用范本，为了更好地对个案效果进行评估，社工若需要根据具体实际情况进行内容的修改或变动的，请与督导商量。

附表8　养老院转介接案（转入）

服务单位：_____
一、转介人资料
转介单位：_____　　转介者姓名：_____
联系方式：_____
二、转介对象：
姓名：_____　性别：_____　年龄：_____
三、转介情况/事由：
_____
四、社工评估分析：
_____
五、社工主任意见：
_____
六、社工反馈转介单位情况：
日期、时间：_____　　地点：_____
反馈对象及方式：_____（如需电话联系，请留下联系方式）
是否接案：是□　否□
反馈内容摘要：
_____

负责社工签署：_____　　日期：_____
社工主任签署：_____　　日期：_____

附表 9　养老院个案转介（转出）

服务单位：_____　社工姓名：_____

电　　话：_____　个案编号：_____

个案开启日期：_____

服务使用者/家长同意将其个案转介到_____ □是 □否

A. 案主个人资料

姓名：_____　　身份证号码：_____

性别：_____　　年龄/出生日期：_____

地址：_____

电话：_____

B. 现正为案主提供服务的其他机构

1. _____
2. _____
3. _____

C. 社工曾处理的问题及个案现状

1. _____
2. _____
3. _____

原服务单位工作人员签名：_____

原服务单位主管签名：_____

日期：_____

接收单位工作人员签名：_____

接收单位主管签名：_____

日期：_____

附表10 养老院个案检讨/终结报告

服务单位：＿＿＿＿＿＿＿＿＿＿＿＿ 案主姓名：＿＿＿＿＿＿＿＿＿

个案编号：＿＿＿＿＿＿＿＿＿＿＿＿ 开档日期：＿＿＿＿＿＿＿＿＿

检讨日期：＿＿＿＿＿＿＿＿＿＿＿＿ 终结日期：＿＿＿＿＿＿＿＿＿

1. 个案问题、需要分析：
   ＿＿＿＿＿＿＿＿＿＿＿＿＿＿＿＿＿＿＿＿＿＿＿＿＿＿＿＿＿＿＿＿＿＿＿＿

2. 拟定服务目标：
   ＿＿＿＿＿＿＿＿＿＿＿＿＿＿＿＿＿＿＿＿＿＿＿＿＿＿＿＿＿＿＿＿＿＿＿＿

3. 服务提供及个案进展情况：
   ＿＿＿＿＿＿＿＿＿＿＿＿＿＿＿＿＿＿＿＿＿＿＿＿＿＿＿＿＿＿＿＿＿＿＿＿
   ＿＿＿＿＿＿＿＿＿＿＿＿＿＿＿＿＿＿＿＿＿＿＿＿＿＿＿＿＿＿＿＿＿＿＿＿

4. 个案终结原因（若适用）：
   （　）4.1 目标达成
   （　）4.2 没有所需服务
   （　）4.3 社工认为不宜继续提供服务（原因）：＿＿＿＿＿＿＿＿＿＿
   （　）4.4 案主拒绝接受服务（原因）：＿＿＿＿＿＿＿＿＿＿＿＿＿＿
   （　）4.5 案主死亡或者搬迁，不在服务范围内（原因）：＿＿＿＿＿
   （　）4.6 其他＿＿＿＿＿＿＿＿＿＿＿＿＿＿＿＿＿＿＿＿＿＿＿＿＿
   4.7 案主对个案终结的反应：＿＿＿＿＿＿＿＿＿＿＿＿＿＿＿＿＿＿＿＿
   4.8 案主知道个案服务已经结束并在有需要时如何得到服务：
   　　　是（　　　）否（　　　）

负责社工签名：＿＿＿＿＿＿＿＿＿＿＿＿ 日期：＿＿＿＿＿＿＿＿＿＿

5. 社工主任评语：
   批准 □　　　　　　　　　　不批准 □
   ＿＿＿＿＿＿＿＿＿＿＿＿＿＿＿＿＿＿＿＿＿＿＿＿＿＿＿＿＿＿＿＿＿＿＿＿
   ＿＿＿＿＿＿＿＿＿＿＿＿＿＿＿＿＿＿＿＿＿＿＿＿＿＿＿＿＿＿＿＿＿＿＿＿

负责社工签名：＿＿＿＿＿＿＿＿＿＿＿＿ 日期：＿＿＿＿＿＿＿＿＿＿
社工主任签名：＿＿＿＿＿＿＿＿＿＿＿＿ 日期：＿＿＿＿＿＿＿＿＿＿

附　录　佛山市顺德区星宇社会工作服务中心简介及其养老院舍工作表格

附表 11　养老院社工站家属访谈记录

时间		地点		家属	
访谈内容：					
备注 （跟进情况）					

记录人：　　　　　　　　　　　　　　社工主任：
日　期：　　　　　　　　　　　　　　日　期：

附表 12　养老院社工站日常活动登记

序号：	时间：	地点：
活动内容		参与人员
备注		

记录人：　　　　　　　　　　　　　　　　社工主任：

日　　期：　　　　　　　　　　　　　　　日　　期：

附　录　佛山市顺德区星宇社会工作服务中心简介及其养老院舍工作表格

附表13　居家养老咨询记录登记

服务单位：_____

编号		日期		时间	
姓名		性别		联系电话	
地址					
咨询内容					
答复					
满意程度	1□　2□　3□　4□　5□				

咨询者签名：_____　　社工签名：_____

直属主管签名：_____

附表 14　居家养老服务中心要事记录

发生时间	2017 年　　月　　日　　时　　分　星期（　　）						
发生地点	村（居委）　　　　街（路）　　　　巷　　号						
服务对象		事因	病故□	晕厥□	跌伤□	住院□	
服务员			被盗□	火灾□	其他＿＿＿＿＿＿		

简单经过：

跟踪结果：

　　　　　　　　　　　　　　　　　证明人：

附　录　佛山市顺德区星宇社会工作服务中心简介及其养老院舍工作表格

附表15　居家养老专业服务开展情况

姓名：_____　　　性别/年龄：_____
住址：_____　　　联系电话：_____

服务项目	内容记录	长者签名
	工作员签名： 时间：	
个案管理员反馈	签名： 时间：	

239

附表 16　居家养老长者服务计划

姓名：　　　　　性别：　　　　　年龄：　　　　　居住状况：　　　　　地址：
婚姻状况：　　　　　　　　　　　　　　　　　　　　　　　　　　　　　电话号码：

序号	服务项目	服务内容	服务方式	服务时间频率	需要协助人数	人员安排	需要的设施设备、工具	注意事项	备注
1									
2									
3									
4									
5									
6									
7									
8									
9									
10									
11									
12									
13									

附 录 佛山市顺德区星宇社会工作服务中心简介及其养老院舍工作表格

附表 17 居家养老服务日记

服务对象：_____ 所属村居：_____ 服务员：_____ 服务开展时间：_____年___月___日

服务项目	服务内容	服务方式	服务流程	设备需要	注意事项
送饭／煮饭服务					
送饭＋附加服务					
护送服务					
个人起居照顾服务					
运动（简单保健运动）					
家居清洁					
购物（代取、护送）					
洗衣服务					
家居环境改善					
平安钟支援服务					
精神慰藉服务					
其他					

附表18 居家养老服务卡

月份：_____ 服务区域：_____ 服务员：_____ 服务对象：_____ 村委意见签名：_____

基础服务				专业服务			服务对象签名确认
生活照料：①洗澡 ②洗脸 ③洗手 ④洗头 ⑤修剪指（趾）甲 ⑥剃须 ⑦整仪容 ⑧表辅助洁具、衣服和鞋 ⑨协助肢体关节活动 ⑩饮水	居家服务：①拖地、扫地 ②扫除抹窗户 ③抹家具 ④洗厨具 ⑤整理杂物 ⑥更换洗涤 ⑦购买食材 ⑧煮饭	探访服务：①谈心 ②交流 ③读书读报 ④定期上门探望 ⑤电话问候	助行服务：①户外散步 ②陪同就医 ③陪同外出服务 助医服务：①医疗门诊的代办 ②陪同老人就医，正确引导老人，执行医嘱	代办服务：①代购物品 ②代领物品 ③代缴费用	康复护理服务：①康复护理 ②评估 ③康复治疗及运动 医疗保健服务：①测量血压 ②体温 ③脉搏 ④疾病讲解 ⑤制定预防疾病方案 ⑥上门义诊	社工服务：①需求评估 ②个案服务 ③小组活动 ④社区活动 ⑤义工发动 ⑥探访 ⑦个人计划 ⑧照顾者支援服务	家居维护及其他：①维修水电 ②维修家具 ③房屋修葺 ④转介餐饮 ⑤接送 ⑥咨询 ⑦无障碍设施改造 ⑧辅具配置 ⑨入住养老机构

服药情况：已服药（〇）、否（△）
是否跟踪服药：是（√）、否（×）
满意度评分：①满意 ②比较满意 ③一般满意 ④不满意

时间\日期																
	15'	25'	35'	15'	25'	35'	15'	25'	35'	15'	25'	35'	15'/30'/60'	15'/30'/60'	15'/30'/60'	15'/30'/60'
1																
2																
3																
...																

附 录 佛山市顺德区星宇社会工作服务中心简介及其养老院舍工作表格

续上表

服务内容	基础服务				专业服务				
	居家服务：生活照料：①洗漱②洗脸③洗手④洗头⑤修剪指(趾)甲⑥剃须⑦整理仪容⑧辅助清洁器具、整理厨具⑨更换被褥和鞋袜⑩协助起身⑪肢体活动⑫饮水 居家服务：①拖地②扫窗户④抹厨具⑤整理杂物⑥洗衣物、被褥⑦购买食材⑧煮饭	助医服务：①医疗的代办②陪同就诊③陪同老人，指导老人正确执行医嘱	探访服务：①谈心②交流③读书读报④定期上门探望⑤电话问候	助行服务：①户外散步②陪同出行服务 代办服务：①代购物品②代领物品③代缴费用	康复护理服务：①评估②康复治疗及运动	医疗保健服务：①测量血压②体温③脉搏④疾病讲解⑤制定预防疾病方案⑥上门诊	社工服务：①需求评估②个案服务③小组活动④义工发动⑤社区咨询⑥探访⑦个人照顾⑧照顾者支援服务	家居维护及其他：①维修家电②维修家具③房屋修葺④转介服务⑤接送⑥咨询⑦无障碍设施改造⑧辅具配置⑨入住养老机构	服药跟踪情况：已跟踪(○)否(△) 是否服药(√)否(×) 满意度评分：①满意②比较满意③一般满意④不满意 服务对象签名：服务对象确认
时间 日期	15' 25' 35'	15' 25' 35'	15' 25' 35'	15' 25' 35'	15' 35' 60'	15' 30' 60'	15' 30' 60'	15' 30' 60'	
…									
29									
30									
31									

243

附表 19 长者平安钟服务记录表

月份_____ 服务区域_____ 服务员_____ 服务对象：_____

检查内容	设备				线路是否畅通				使用情况			上门时间	签名确认
	电话	呼叫器	随身呼叫器	电源器	交流电	直流电	电话线	报警	好	一般	差		
正常													
否													
原因													
正常													
否													
原因													

附　录　佛山市顺德区星宇社会工作服务中心简介及其养老院舍工作表格

附表 20　居家养老服务补贴记录表

村居：_____　　服务对象：_____　　服务员：_____

服务内容	☐ 上门买菜（每月 ____ 次） ☐ 煮饭（午餐、晚餐）（每月 ____ 次） ☐ 清理大小便（每月 ____ 次） ☐ 喂食（每月 ____ 次） ☐ 协助老人擦身体、洗澡、洗头（每月 ____ 次） ☐ 帮老人代购药（每月 ____ 次） ☐ 帮老人剪指甲、理发、洗衣服等（每月 ____ 次）
服务内容备注	

日期：____ 月 ____ 日 至 ____ 月 ____ 日　　亲属／老人签名：_____

老年服务需求研究的方法、困难及建议

我们在珠海先后进行了多次养老服务需要调查。有全市范围的调查，包括"珠海市社会养老体系研究""珠海市养老展业研究"，有分区调查，包括"珠海市金湾区居家养老服务需求研究""珠海市斗门区社会养老体系研究""珠海市老人宜居社区与养老设施规划分析"。在工作过程中，遇到的困难非常多，希望能总结以下经验，对日后养老服务需求调查的方法有所指引。

1. 调查的目标：分析需要还是市场需求

珠海市民政局2016年6月1日发表的《关于征求〈珠海市养老服务体系建设"十三五"规划（征求意见稿）〉意见的函》（珠民函〔2016〕277号）提出，要科学确定服务需求，以完善老年人分类服务制度："制定机构养老、社区养老和居家养老地方性标准，为市民选择养老服务提供统一、规范、公开的标准依据；建立养老服务需求评估制度，对老年人的生理、精神、经济条件、生活状况等方面进行综合评估，科学确定服务需求，为其入住养老机构或接受社区居家养老服务提供支持。"科学确定常用的方法之一，就是社会调查。

养老服务社会调查的普遍性目标，是希望了解一个区域内的老年人在自理能力日益减退时，有何具体需求。这个需求可能会因为一个区域内的老年人的普遍健康状态、家庭照顾能力、家庭经济水平、地区文化观念的不同而不同；这样的调查结果使得有关部门在制定养老公共服务规划时，能够有足够的社会研究和统计数据作为参考。但事实上很多相关部门更想了解的是，养老服务的经费应该如何分配，即政府、家庭及市场要如何分担费用，以及政府和社会应该如何分工提供养老服务。很可惜，对于很多部门关心的比较单一、具体的老年人的"市场反应",研究者往往无法提供确切的预测。

但是,"需要"并不等于"需求"。需求是指消费者愿意花钱购买的服务量,而需要则是基本的。例如,老年人要吃饭,是其基本"需要"(Needs),我们送上一盘美食,会让老年人产生"渴望"(Wants),但如果要收费50元,老年人就不会接受;老年人愿意付出5~8元购买这盘美食,这才是市场学中的"需求"(Demand)。同理,假如居家养老服务完全免费提供,这方面的需求就会被刺激而上升,甚至出现滥用。以东莞为例,东莞市政府2010年5月27日下发的《关于印发〈东莞市居家养老服务实施方案(试行)〉的通知》(东府办〔2010〕72号),将"独居"认定为获得免费服务的标准,导致很多社区上报了"独居"而非"孤独"的老人。

2. 需求的模糊

一些地区,如深圳、佛山、广州将居家养老服务分为全资助和半资助,其实服务还是免费提供的。社区或社工机构都没办法收回部分成本,只是为一些主要或核心对象提供"足量"的服务,对一些延伸或非核心对象提供"半量"的服务。

老年人对养老服务需求的不稳定,一方面是受传统的家庭养老文化的影响,另一方面是因为养老保险的实施在广度和深度上均远远不足。很多福利国家的国民则认为养老是个人或制度的责任,而家庭与供养老年人,即在经济上维持老年人的基本生活需要,是完全脱钩的。

此外,老年人对养老服务都不了解,更没有体验过,怎能判断要不要购买服务呢?

3. 社会调查方法抽样及访问的困难

要得到第一手的资料,社会调查常用的方法有普查,单纯随机抽样调查,分类随机抽样调查,焦点访谈,个案研究,老人日志的内容分析,等等。

养老服务调查面对的困难是没有抽样框架,即使按不完整的框架抽样后,往往也无法接触到样本老年人。即使接触到样本老年人,却因为其失能、失智、语言隔膜等原因,使访谈难以进行。因此,我们需要考虑:

(1)是否应该访问老年人照顾者。这样当然可以解决沟通的问题,但老年人照顾者的看法和老年人的主观意愿往往不一致。

(2)是否应该访问健康的老年人。这样当然也能理解一部分老年人的看法,但健康而又在社区中较积极的老年人属于心态较为正面的群体,与半失能或失能的老年人所面对的生活压力完全不同,因此无法提供调查所需的信息。

(3)是否应该任用大学生作为访问员。这样可以解决人力的问题,但当今高校学生大多家境较好,对基层老年人的生理及心理需求了解不多。

(4)是否应该使用社区工作者作为访问员。这样可以节省时间,因为社区工作者熟悉社区,但很多时候他们会收取访问酬金,难免会影响问卷的客观性;同时,因为社区工作者经常接触老年人,容易将他们的主观意见带入访谈,甚至以个人意见作为老年人的意见。

上述问题都非常难以克服,访问员只有透过认真的培训,加强自身的客观性。同时,也要访问不同的持分者,包括失能老年人、健康老年人、老年人照顾者、社区工作人员,以及社区医生、护士、康复师,等等,以期描绘一个较全面的事实。

4. 普查和访谈结合,以了解老年人的需求

我们认为要决定老年人对养老服务的客观"需要",最好的方法是建立老年人健康档案,由医务人员或康复师评估其失能或半失能情况。这样既能保证调查结果的全面性,又可追踪记录老年人的需求变化,远比抽样调查更精确和科学。在一个地区建立老年人健康档案,可能需要数年的时间,期间,社区或社工接触

到有养老需求的老人，还可以转介至卫生站进行优先评估。

至于了解养老服务的"渴望"，我们发觉在社区进行焦点访谈的访问员能提供更详细、深入的信息。所以，我们可以进行不同阶段的焦点访谈，以追踪老年人对养老服务的看法及其满意度是否有所改变。

5. 用大数据进行老年人"需求"研究

大数据的时代已经来临，我们可以利用大数据来精准地掌握老年人对养老服务的需要和需求，及其变化规律，以克服社会抽样调查的缺点。很多地方政府已经为老年人提供了各种形式的长者卡，只要对长者卡的使用情况加以分析，就可以得到很多有用的统计数据。

例如，长者卡连接卫计部门和医疗机构，可以统计老年人就医的频率、疾病类型、健康状况；长者卡连接居家养老服务，可以分析老年人需要的是家政服务还是康复护理等其他服务；长者卡连接社区服务中心和公交系统，可以描绘出老年人的社会实践情况，判断其是否达到乐活老年状态；长者卡和手机连接，可以统计老年人和其家人的沟通频率，以及老年人使用网络的情况。最重要的是，用大数据分析老年人的消费模式，才能预测其"需求"。

大数据统计方法是社会研究方法的新宠，虽然它未必能够解释社会现象的因果关系，却对描绘社会现象有广泛的力量，特别是可以全面掌握调研者即时、具体的行为。

总结而言，我们认为社会养老服务调查的未来设计，一是建立老年人健康档案，即老年人健康状况普查；二是利用互联网，透过大数据，追踪老年人生活中的各种变化；三是利用焦点访谈来了解老年人的心态，这是既节省时间又有启发性的方法。但是，常规的大型社会调查，在抽样和沟通等方面都存在极大的困难，不宜再开展了。

黄匡忠
2017 年 10 月 8 日